Judy Fox

Mäuse und Rennmäuse

Oertel+Spörer

Inhaltsverzeichnis

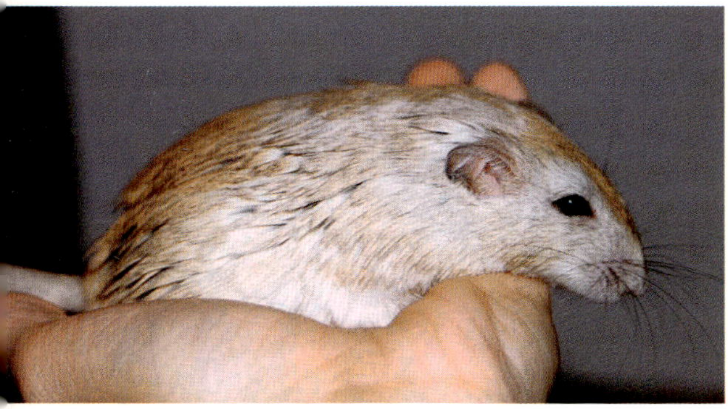

Stroganof vertritt die Mittagsmaus

Frodo steht im Kapitel der Rennmaus, wenn das Geschriebene auch für die Farbmaus und für die Vielstreifen-grasmaus gilt

Surinam vertritt die afrikanische Vielstreifengrasmaus

Woyzzeck vertritt die Sundevall-Rennmaus

Leopold vertritt die Farbmaus

Zorro vertritt die Mongolische Rennmaus

Vorwort

Mal sind es frohe Tage,
die man mit ihr verbringt,
mal hört man laute Klage,
wenn sie ins Zimmer springt.
Mal ist sie sogar Plage,
wo sie zuhauf eindringt,
den einen große Freude,
den anderen ein Graus,
die Maus.

Wohl kaum ein Tier löst solche widersprüchlichen Gefühle aus wie die Maus. Den einen ist sie ein Greuel oder angesichts von Mäusedreck und angeknabberten Lebensmittelvorräten eine Quelle ständigen Ärgernisses, den anderen ein innig geliebtes, zartes und zutrauliches Geschöpf, ohne das man bald nicht mehr sein Dasein führen möchte. Wieder anderen ist sie – wohl verwahrt in dekorativen Glasterrarien – ein hoch interessantes Beobachtungs- und Studienobjekt. Alles eine Frage des Standpunktes.
Oder vielmehr des Standortes – nämlich von der Maus. Ob sie sich etwa ungebeten in Kellerräumen oder der Speisekammer aufhält oder im Kinderzimmer in einem eigens für sie hübsch eingerichteten Käfig, macht einen enormen Unterschied.

Ob so der Gott der Mäuse ausgesehen hat? Die Mittagsmaus ist eine liebenswerte, jedoch noch sehr unbekannte Rennmausart.

Walt Disney diente sie als Vorlage für seine weltberühmt gewordenen Comics, und wer kennt sie nicht: „Die Sendung mit der Maus"? Im alten China und Ägypten sowie im antiken Griechenland galten weiße Mäuse als heilig. Sie wurden in Tempeln verehrt und für Weissagungen verwendet. Und sogar einen griechischen Gott der Mäuse gab es namens Apollo Smintheus, der von etwa 1600 v. Chr. bis 1400 n. Chr. verehrt wurde, insgesamt 3000 Jahre lang. In neuerer Zeit diente die Maus keinem Geringeren als John Steinbeck als Titelgeber für seinen Roman „Von Mäusen und Menschen" („From mice and men"). Dazwischen gab es jedoch immer wieder Ausrottungsversuche, die aber an der schnellen Vermehrung und großen Anpassungsfähigkeit der Mäuse scheiterten.

Bei ihrer Artenfülle fiel es nicht leicht, für dieses Buch eine Auswahl zu treffen. Neben der bekannten Farbmaus wird die Mongolische Rennmaus besprochen, die es an Popularität mittlerweile mit dem Goldhamster aufnimmt. Auch die Mittagsmaus und die Sundevall-Rennmaus, leider noch sehr seltene Rennmausarten, werden hier wegen ihrer enormen Zutraulichkeit kurz vorgestellt. Die Wahl fiel außerdem auf einen sehr hübschen Exoten, die afrikanische Vielstreifengrasmaus, die ebenfalls sehr zutraulich werden kann. Ein besonderer Schwerpunkt wird in diesem Buch auf die Eingliederung sippenfremder Mäuse gelegt sowie auf Maßnahmen bei plötzlich auftretenden Aggressionen und deren warnende Anzeichen. Erfahrungsgemäß wirft das bei der Mäusehaltung die meisten Probleme auf und führt mitunter sogar zu großem Kummer wegen totgebissener Mäuse. So bleibt zu wünschen, dass dieses Buch bei der großen Literatur, die es bereits über Mäuse gibt, eine Bereicherung und Hilfe ist, damit beim geplanten Zusammenleben von Mensch und Maus beide Seiten die größtmögliche Befriedigung und Beglückung erlangen können.

Afrikanische Vielstreifengrasmaus.

Naturgeschichte der Mäuse

Systematik

Mäuse sind über die ganze Welt verbreitet und bilden mit fast 2000 Arten nicht nur die größte Gruppe innerhalb der Ordnung der Nagetiere, sondern auch der Säugetiere. Die Unterfamilie der Echten Mäuse, wozu auch die Echten Ratten gehören, umfasst 120 Gattungen mit 500 bis 1000 Arten. Die recht großen Zahlenunterschiede rühren daher, dass es verschiedene Ansichten gibt, wann eine Mäuseart als eigenständig anzusehen ist. Gerade im Bereich der Mäuseartigen ist die Systematik häufigen und raschen Änderungen unterworfen. Hier noch auf einem aktuellen Stand sein zu wollen, kann dieses Buch nicht leisten.

Die westliche Hausmaus (Mus musculus domesticus) lebt in West- und Mitteleuropa westlich der Elbe in sehr enger Verbindung mit den Menschen. Außerhalb von Gebäuden hält sie sich äußerst selten auf. Weltweit gibt es mehrere Unterarten der Hausmaus. Alle Farbmäuse, die im Laufe der Zeit entstanden sind, sind letztendlich Zuchtformen irgendeiner Hausmausunterart, zu Forschungszwecken im Labor oder zur Heimtierhaltung gezüchtet.

Die Mongolische Rennmaus zählt nicht mehr zu den Wühlern, sondern zur Familie der Mäuseartigen.

Alle Farbmäuse gehören zu den Echten Mäusen und gehen auf die Hausmaus zurück. Farbschlag Silver Tan.

Systematik der Rennmäuse

Früher wurden die Rennmäuse wie die Hamster zur Familie der Wühler (Cricetidae) gezählt. Das ist mittlerweile überholt. Heute stellt man sie gleichberechtigt neben den Echten Mäusen und den Hamstern in die Familie der Mäuseartigen (Muridae).

Zurzeit sind 14 Gattungen mit je nach Autoren 160–200 Arten anerkannt, die vorwiegend in Afrika und Asien leben. Die bekannteste Gattung ist die der Meriones mit 16–18 bekannten Arten. Darunter fallen auch die beliebte Mongolische Rennmaus und die Mittagsmaus. Zur Gattung Gerbillus zählen sogar 42–60 Arten (Quelle: Walker und Wilson & Reeder).

Systematik	Echte Mäuse	Rennmäuse
Ordnung	Nagetiere (Rodentia)	Nagetiere (Rodentia)
Unterordnung	Sciurognathi (Hörnchenartige)	Sciurognathi (Hörnchenartige)
Familie	Mäuseartige (Muridae)	Mäuseartige (Muridae)
Unterfamilie	Echte Mäuse oder Langschwanzmäuse (Murinae)	Rennmäuse (Gerbillinae)
Gattungen	Hausmaus (Mus); Streifengrasmaus (Lemniscomys)	Sandmaus oder Rennratte (Meriones)
Arten	Hausmaus (Mus musculus), Vielstreifengrasmaus (L. barbarus)	Mongolische Rennmaus (M. unguiculatus); Mittagsmaus (M. meridianus), (M. crassus – kein Trivialname –)
Unterart		Ägyptische Sundevall-Rennmaus (M. crassus perpallidus)

INFOBOX

Zur Verwirrung führt häufig eine unkorrekte Eindeutschung der englischen und wissenschaftlichen Fachnamen. So wird der Begriff Gerbil sehr häufig völlig unrichtig für die Mongolische Rennmaus verwendet. Auch im Zoohandel wird sie oft unter diesem Namen angeboten. Im Englischen werden aber alle Merionesarten als jirds bezeichnet und alle Gerbillusarten als gerbils, zumindest bei zoologisch korrekter Namensanwendung. Mindestens ebenso häufig und genauso falsch wird die Mongolische Rennmaus als Wüstenrennmaus bezeichnet. Nach heutigem Stand der Systematik ist das der deutsche Begriff für die Gerbillusarten, was deren natürlicher Lebensweise auch sehr viel mehr entspricht. Viele Gerbillusarten bewohnen Wüstengebiete, während sich die Mongolische Rennmaus bestenfalls in Trockensteppen aufhält.

Die Mongolische Rennmaus wird oft fälschlich als Wüstenrennmaus oder Gerbil bezeichnet.

Geschichtlicher Abriss

Die Echten Mäuse entstanden vor ungefähr 10 bis 15 Millionen Jahren. Es wird vermutet, dass die Wildform der Hausmaus sich bereits vor etwa 9000 Jahren v. Chr. dem Menschen angeschlossen hat, und zwar mit den Anfängen des Ackerbaus im Vorderen Orient. Im alten China vor ca. 4500 Jahren wurde die Maus bereits in Form von bemalten Tonfiguren verewigt. Nicht nur die Albinomaus, auch andere Farben waren bekannt. Im ersten chinesischen Wörterbuch, 1100 v. Chr. geschrieben, ist das Wort für gefleckte Maus erwähnt. Aber auch die alten Ägypter hielten schon vor rund 4000 Jahren Mäuse als Haustiere, was aus Bemalungen altägyptischer Kunstgegenstände hervorgeht.

Qualzuchten

In China wurden um 80 v. Chr. und später auch in Japan die Tanzmäuse gezüchtet. Hierbei handelt es sich um einen Erbfehler, der auch heutzutage manchmal spontan in bislang gesunden Zuchtstämmen auftaucht. Die Tiere haben eine Störung der Hirnanhangdrüse und Schäden im Innenohr, was zur Folge hat, dass sie immer im Kreis laufen. Manchmal können sie noch geradeaus laufen, aber – je nach Schädigung des Innenohrs – oft auch gar nicht mehr! Daher sollte man die Finger von solchen Mäusen lassen, auch wenn nur die Zucht und nicht die Haltung nach unserem Tierschutzgesetz verboten ist!

Farbzuchten

Während im alten China und Ägypten zwar einige Farbmutanten bekannt waren, ist uns eine gezielte Zucht nur von der weißen Maus überliefert. Erst im 18. Jh. wurden in Japan auch andere Farben gezüchtet wie Chocolate (Schokolade) und auch Schecken. Sie sind Zuchtformen einer ostasiatischen Hausmaus-

Im alten China nannte man sie gefleckte Mäuse, heute heißen sie Schecken. „Ratz"

art, der Wagner-Maus (mus musculus wagneri), die sich ähnlich eng den Menschen anschließt wie unsere westliche Hausmaus. Einige dieser seltenen Farben gelangten um 1850 nach Europa und etwas später nach Nordamerika. Um 1900 begann auch in Europa die gezielte Farbmauszucht und 1895 wurde in England der erste, heute noch bestehende, Mäusezuchtverein gegründet: der „National Mouse Club".

Die Maus in der medizinischen Forschung

Im Jahr 2005 wurden in Deutschland 1.432.492 Mäuse in Tierversuchen verwendet, 115.970 mehr als im Vorjahr (Angaben vom Bundesministerium für Ernährung, Landwirtschaft und Verbraucherschutz). In den USA sind es jährlich nach Schätzungen 25 Millionen. Nach Meinung von Tierversuchsbefürwortern eignet sich die Maus dafür besonders gut wegen der großen Ähnlichkeit ihres Erbguts zum menschlichen. Die Vereinigung Ärzte gegen Tierversuche e.V. kritisiert jedoch, dass sich die Versuchsergebnisse nicht auf den Menschen übertragen lassen, schon bei anderen Tierarten gäbe es Fälle von fehlender Übereinstimmung, nicht selten sogar bei ein und derselben Tierart. Gründe seien die Komplexität des menschlichen Organismus sowie die vielschichtigen Ursachen einer Erkrankung, die sich im Tierversuch nicht nachahmen lassen.

Tierärztin Dr. Corina Gericke von dieser Vereinigung betont, dass jede Tierart auf ihre eigene Weise auf Schad- und Wirkstoffe reagiert. So wird das Flohmittel Fipronil von Hunden, Katzen und Frettchen gut vertragen, ist aber für Kaninchen tödlich. Ivermectin, das wiederum für Nager gut verträglich ist sowie für Katzen, Vögel und Reptilien außer Schildkröten, ist für Schildkröten giftig und für Collies u. U. sogar tödlich. Morphium, beruhigend und schmerzstillend für Hunde und Menschen, versetzt Katzen, Schafe und Pferde in starke Erregungszustände.

Das Penicillin, Durchbruch im Kampf gegen viele bis dahin tödliche Krankheiten, wurde zum Glück zunächst nicht in den heute üblichen Tierversuchen getestet. Wäre es das, dann wäre es nicht zugelassen worden, ist es doch sehr gefährlich für viele Kleinnager, wie sich in späteren Tierversuchen herausstellte. Gleiches gilt für das Epilepsie-Präparat Phenobarbital, seit 90 Jahren auf dem Markt, damals noch ohne die Tierversuche zugelassen, die heute praktiziert werden. Bei Nagern fördert es Leberkrebs, doch ganz sicher nicht beim Menschen. Bei der Entdeckung der Insulintherapie 1921 wurden Versuche nur mit Hunden durchgeführt, bei Mäusen u.a. Nagern, an denen es damals nicht getestet wurde, ruft Insulin Missbildungen hervor. Das trifft auch auf Aspirin und Cortison zu.

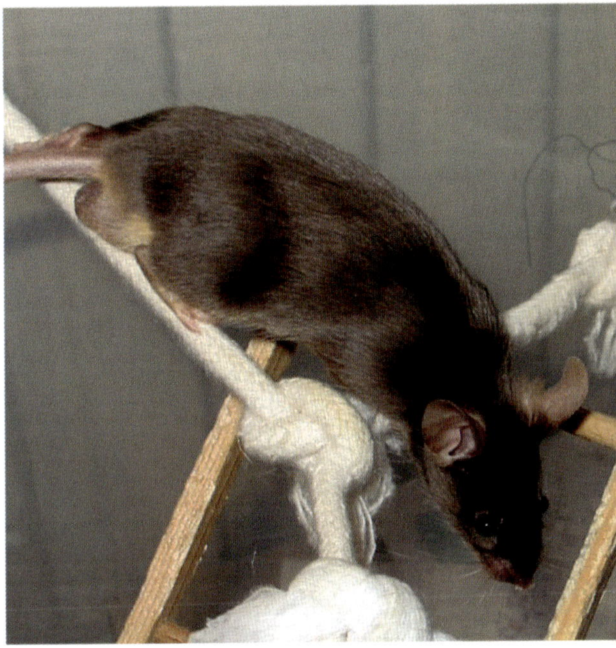

Die Farbe Schokolade gab es schon im alten Japan. Schokosatinmaus „Zack"

Prof. Dr. med. Pietro Croce (Buchautor), der als Chefarzt eines Labors für chemisch-klinische Analysen lange Zeit selber Tierversuche durchführte, lehnt sie längst als unwissenschaftliche Methode ab, da die Wirkungs- und Verträglichkeitsunterschiede zwischen Mensch und Tier erheblich sind, je nach Bedingung auch bei derselben Tierart. Bei der Maus

Der künstlich an Tieren erzeugte Krebs unterscheidet sich wesentlich von dem des Menschen. So bildet er keine Metastasen, die Haupttodesursache beim krebskranken Menschen.

verursachte Chloroform nur bei einigen Mäusestämmen Leberkrebs, doch auch nur bei den Weibchen. Dimethybenzo-Anthrazen verursachte bei Mäusen des „Schweizer Stammes" bösartige Lymphgeschwülste, bei anderen Stämmen Leberkrebs, doch nur bei den Männchen. Das Pockenvirus und das Gelbfiebervirus verursachen bislang bei keinem bekannten Tier eine Infektionsreaktion oder Erkrankung. Das Atropin der Tollkirsche, für Menschen hochgiftig, können Mäuse, Ratten, Kaninchen und viele Vögel durch ein Enzym gut abbauen, und der Schierling, mit dem sich einst Sokrates vergiftete, wird von Mäusen, Pferden, Ziegen und Schafen problemlos gefressen.

Tierversuchsbefürworter argumentieren, dass die Wirkungen und Nebenwirkungen von Medikamenten durch Tierversuche zu 70–80 % erkannt würden. Tierversuche liefern Basisdaten, die – in Abhängigkeit von der Ähnlichkeit des Versuchsmodells mit den Verhältnissen beim Menschen – wichtige Rückschlüsse auf den Menschen zuließen. Durch jahrelange Erfahrung habe sich herausgestellt, dass ausgesuchte Tierarten für bestimmte Fragestellungen besonders gute Übertragungswerte ergeben.

Die British Union for the Abolition of Vivisection, BUAV (Union zur Abschaffung von Vivisektion) widerspricht dem. Besonders Krebs sei eine Krankheit von vielerlei Ursachen, was im Tierversuch nicht nachzustellen sei. So fand man zu einem bestimmten krebsbildenden Stoff heraus, dass gleichzeitige Einschränkungen in der Nahrung bei jungen Mäusen die Entstehung von Tumoren verzögerten. Die Bedeutung für den Menschen ist jedoch unklar (20, 21). Viele Versuchstiere, die in der Krebsforschung verwendet würden, verfügten über weniger ausgefeilte Mechanismen zur DNA-Reparatur als der Mensch. Durch Tests an Nagetieren würden regelmäßig Chemikalien als krebserzeugend eingestuft, die es nicht sind, und umgekehrt.

Der Londoner Wissenschaftler Dr. Robert Sharpe kritisiert, dass die krebserregende Wirkung des Rauchens in Tierversuchen lange Zeit nicht erkannt wurde. Versuche an Labortieren ergaben keine Bestätigung, indem man diese zum Einatmen von Tabakrauch zwang (22).

Auch Asbest wurde 30 Jahre nicht als krebserregend angesehen, obwohl unzählige epidemiologische Studien mit krebskranken Asbestarbeitern vorlagen, weil Ratten gegen Asbest 300-mal unempfindlicher sind als der Mensch. Der „experimentelle Beweis" fehlte also. Erst 1967 gelang es, Asbest-Krebs an Tieren zu erzeugen.

ProAnima, ein Zusammenschluss französischer Wissenschaftler, untersuchte tierexperimentell gewonnene Ergebnisse auf ihre Verbraucher- und Patientensicherheit und stuft sie als nicht aussagekräftig ein. ProAnima erinnert daran, dass durch die Beobachtung, dass das HIV-Virus für Menschenaffen harmlos ist, in Frankreich in den 80er-Jahren des 20. Jh. grünes Licht für die Verteilung kontaminierter Blutkonserven gegeben wurde.

„Ohne Tierversuche hätte es wertvolle Medikamente nie gegeben", argumentieren die Befürworter. Dr. med. Walter Schmidt, Vorstandsmitglied von Ärzte gegen Tierversuche, bestreitet jedoch, dass die bisherigen Erfolge in der Medizin auf Tierversuche zurückzuführen seien. Penicillin war eine Zufallsentdeckung am Schimmelpilz, Aspirin und Luminal entstanden ohne Tierversuche. Der Herzkatheter wurde im Selbstversuch eingeführt und der Herzschrittmacher ohne Tierversuche direkt am Menschen implantiert. Dagegen würden jährlich in der BRD 16.000 Menschen sterben durch Nebenwirkungen tierversuchserprobter Medikamente. Auch Prof. Bross, Direktor am bekannten Krebsinstitut in New York, bedauert, dass nicht ein einziges neues Medikament zur Behandlung von Krebserkrankungen aus Tierversuchen hervorging.

Alternativen

Der Draize-Test, bei dem Kaninchen zum Testen der Reizwirkung Substanzen in die Augen geträufelt werden, wurde in Deutschland schon teilweise ersetzt durch den HET-CAM-Test, bei dem die Aderhaut eines Hühnereis verwendet wird. Auch durch die Fähigkeit bestimmter Bakterien, zu leuchten, lassen sich Reiz- oder Ätzstoffe testen ebenso wie mit „künstlicher Haut" (Episkin), bestehend aus menschlichen Zellkulturen. Zur Bestimmung der Giftigkeit von Stoffen eignen sich Pollen von Tabakpflanzen ebenso wie Bier- oder Bäckerhefe. Zellen von Meerespflanzen ermöglichen Tests zur Prüfung von Herzklappen, Kunstgelenken und Kosmetika. Im Ames-Test werden krebsverdächtige Substanzen mit Bakterien geprüft. Neben Computer-Simulationen wurden auch zahllose In-vitro-Methoden entwickelt (= im Reagenzglas). Mit Zellkulturen von Menschen oder Säugern lässt sich die Giftigkeit von Stoffen bestimmen. Mit Nervenzellkulturen könnte nach Arzneimitteln gegen Parkinson oder Epilepsie geforscht werden und natürlich mit Krebszellkulturen nach Krebsmedikamenten. Die Forschung ist mittlerweile so weit, isolierte Zellen in ihrer Funktion denen der Organe genau anpassen zu können. Herzmuskelzellen ziehen sich regelmäßig zusammen, Nierenzellen zeigen Blutfluss und Filtrierung wie die intakte Niere, usw.

Warum trotz zahlreicher Alternativen die Zahl der Tierversuche nicht abnimmt, liegt auch an der Rechtsprechung. Will sich eine Firma vor Schadensersatzansprüchen bei einem möglichen Medikamentenschaden schützen, dann muss sie Tierversuche nachweisen.

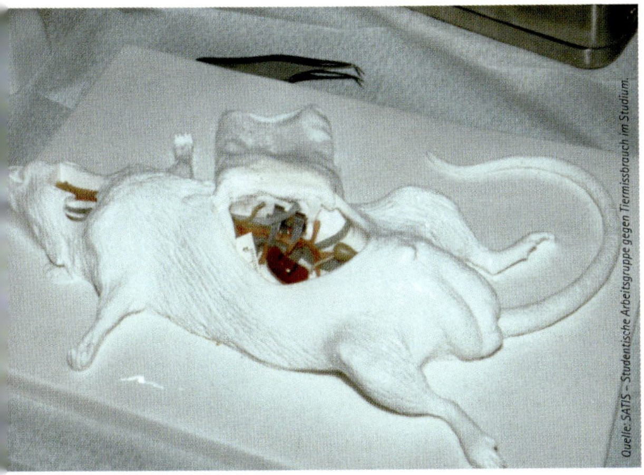

An den auswechselbaren Organen dieser Kunststoffratte können chirurgische Techniken geübt werden.

Die Maus als Versuchstier des Jahres 2006 – Zurück in die Steinzeit?

Eine Jury von Menschen für Tierrechte – Bundesverband der Tierversuchsgegner e.V. – hat auf Vorschlag von animal 2000 – Menschen für Tierrechte Bayern e.V. – die „Muschelmaus" zum Versuchstier des Jahres 2006 gewählt. Damit sind Mäuse gemeint, die zur Analyse von Muschelgiften routinemäßig getötet werden. Muscheln können durch die Umweltverschmutzung gefährliche Algengifte enthalten. Um die Verbraucher zu schützen, werden Mäuse in Tests qualvoll vergiftet.

Die EU schreibt dafür einen sogenannten „Maus-Bioessay" vor. In Deutschland wurde dieser Test jedoch schon seit 20 Jahren ersetzt durch ein chemisch-physikalisches Analyseverfahren, bei dem keine Tiere getötet werden und der zudem noch schneller und genauer ist. Die EU fordert nun von Deutschland, die EU-Richtlinien einzuhalten und den Mäuse-Test wieder einzuführen. Tierschützer/innen protestieren (vgl. Anhang).

Überlegungen vor dem Kauf

Eine Kleintierhaltung im Käfig oder Terrarium ist in einer Mietwohnung grundsätzlich erlaubt.

Kein Überraschungsgeschenk

Mir ist klar, dass häufig zuerst das Tier angeschafft wird und danach erst das Buch dazu. Ich gehe aber jetzt einmal vom Idealfall aus, dass vorher ein Buch gekauft wurde (und idealerweise dieses hier). Die Anschaffung der Maus ist dann mit der ganzen Familie besprochen worden. Wichtig: Wenn es das erste Haustier sein soll, empfiehlt sich ein Allergietest. Ein Tier als Geschenk sollte unbedingt vorher abgesprochen werden.

Rechtliches

1. Sofern keine Geruchsbelästigung entsteht, ist die Haltung von Mäusen in einer Mietwohnung auch ohne ausdrücklichen Vermerk im Mietvertrag erlaubt. Eine mögliche Verbotsklausel im Vertrag für Kleintiere im Käfig ist nichtig, d. h. nicht gültig! Für Ratten gibt es Sonderurteile, für Mäuse nicht.
2. Eine starke Geruchsbelästigung kann ein Kündigungsgrund sein. Sie ist aber zu beweisen. Ihr kann wiederum durch andere Zeugenaussagen widersprochen werden. Dem Vermieter ist nach Anmeldung der Zutritt zur Wohnung zum Überprüfen des Vorwurfs zu gestatten.
3. Eine Kleintierzucht bedarf der Einwilligung des Vermieters. Darunter fällt nicht eine unbeabsichtigte Vermehrung, wenn etwa ein Irrtum bei der Geschlechterbestimmung vorlag oder ein bereits schwangeres Weibchen erworben wurde.

Gemeinsam zu klärende Fragen:

1. Hat kein Familienmitglied starke Ekelgefühle gegen eine Maus? Oder eine Allergie?
2. Haben Sie einen passenden Standort und ausreichend Platz für ein Mäuseheim?
3. Haben Sie sichere Auslaufmöglichkeiten?
4. Haben Sie täglich etwa eine Stunde Zeit?
5. Haben Sie keine anderen Haustiere, die eine Gefahr für die Mäuse darstellen?
6. Gibt es eine Urlaubspflege für die Mäuse?
7. Sind Sie bereit, im Krankheitsfall hohe Tierarztkosten zu tragen?

Für wen eignen sich Mäuse?

Mäuse sind weit mehr noch als der Goldhamster besonders für Berufstätige und Studierende geeignet. Nicht nur wegen ihrer Dämmerungs- und Nachtaktivität, sondern weil sie sich notfalls auch miteinander beschäftigen können. Kinder können Mäuse halten, wenn sie Verantwortung tragen können, aber auch wenn ihre Motorik weit genug entwickelt ist, um solch ein zartes und flinkes Tier richtig zu greifen. Das Mindestalter ist etwa 10 Jahre, für die Mittags- und Vielstreifengrasmaus 12–14 Jahre. Wichtig ist, dass die Eltern Verantwortung mitübernehmen.

Geschlechtsunterschied

Damit Sie nicht unverhofft plötzlich mit Nachwuchs dastehen, weil sich die beiden Männchen oder Weibchen dann doch als ein Paar herausgestellt haben, sollten Sie selber über die Geschlechtsunterschiede Bescheid wissen. Denn auf das Ehrenwort so mancher Zoohandlung kann man sich leider nicht immer verlassen. Beide Geschlechter haben einen Zapfen, der beim Männchen den Penis, beim Weibchen die Harnröhre umschließt. Beim Männchen ist er rundlicher und größer. Deutlichstes Unterscheidungsmerkmal ist der Abstand zwischen dem Zapfen und dem After: Beim Männchen ist er größer und weniger behaart, beim Weibchen liegen die Öffnungen enger zusammen. Die Hoden sind deutlich zu erkennen, beim Weibchen verläuft das Hinterteil etwas breiter.

Rennmäuse haben eine Duftdrüse am Bauch, die beim Männchen größer ist. Die Weibchen haben 8 Zitzen,

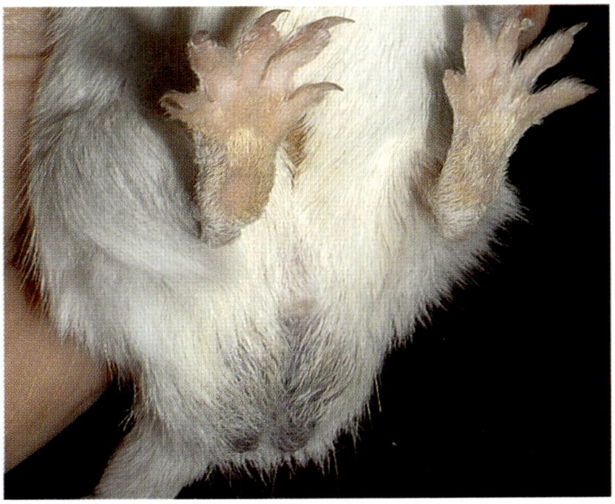

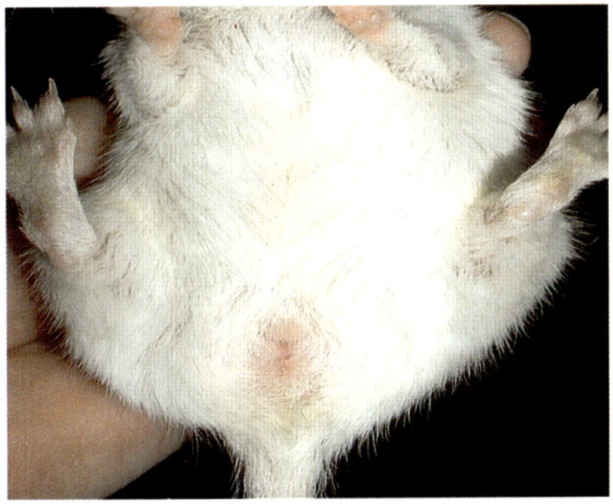

Geschlechtsunterschied: Männchen Weibchen

die aber nicht immer einfach im dichten Fell zu erkennen sind. Farbmausweibchen haben 10 Zitzen, die Duftdrüse der Farbmäuse befindet sich an den Füßen.

Wo bekommt man gesunde Mäuse?

Die Bedeutung guter Zuchten bzw. verantwortungsvoller Zoohändler/innen, die ihre Tiere von dort beziehen, kann für den Mäusekauf nicht genug betont werden. Bei vielen Zoohandlungen stammen die Mäuse oft aus großen Zuchtfarmen, wo sie als Futtertiere gezüchtet werden. Ihre Lebenserwartung ist von vornherein auf wenige Monate angelegt. Die Zucht erfolgt nach wirtschaftlichen Gesichtspunkten, eine schnelle Vermehrung wird angestrebt, was nicht nur das Muttertier verschleißt, auch eine gesunde Entwicklung der Jungmäuse ist nicht gewährleistet. Achten Sie beim Kauf darauf, dass die Mäuse nach Geschlechtern getrennt sitzen!

Im Anhang finden Sie einige Rassefarbmauszüchter/innen, die mir persönlich bekannt sind. Eine Rassezucht bedeutet gerade nicht, dass um jeden Preis seltene Farben herausgeholt werden, sondern vordringlichstes Ziel ist die Gesundheit der Tiere. So manche eilig „gezüchtete" Maus würde bei einer Schiedsausstellung nach Rassezuchtstandardvorgaben trotz seltener Farbe gnadenlos durchfallen, wenn nicht gleich disqualifiziert werden. Eine Rassefarbmaus erfüllt neben einer bestimmten Farbe klare Kriterien wie eine wohlpro-

Für gesunde, vitale Rassefarbmäuse lohnt es sich, längere Fahrten in Kauf zu nehmen. „Endeavour of Mainhattan", Sieger der 1. Mäuserassezuchtshow in Deutschland

portionierte Gestalt, Größe und noch weitere. So liegt ihr Gewicht bei 45–75 g, die Größe ohne Schwanz bei 13–16 cm! Solche Zahlen sprechen für sich.

Wo bekommt man sie nicht?

Diese Frage muss einmal mit allem mir zur Verfügung stehenden Sarkasmus erlaubt sein. Die Antwort lautet: auf Reptilienbörsen!

Um es klarzustellen: Die Rede ist nicht von Züchterkleintierbörsen, auch nicht von der Exotica Animal in Hamm, der größten Nagermesse Deutschlands, auf der in der Regel sehr kompetente Züchter/innen ihre Tiere in weitestgehend artgerechten Terrarien anbieten. Um ein Missverständnis auszuschließen, ich spreche ebenfalls nicht von den kompetenten, verantwortungsvollen Reptilienzüchtern, die auf Börsen selbstverständlich auch anzutreffen sind. Die Rede ist hier von verirrten und manchmal auch verwirrten Reptilienzüchtern, die sich offenbar mit der Nagerzucht ein Taschengeld zu ihrer oft auch nicht so recht glücken wollenden Reptilienzucht hinzuverdienen wollen und unter kunstvoller Namensgebung, die wiederum Respekt verdient, verschiedenste schnell vermehrte Kleinnager zum Verkauf anbieten. Wenn dann die gekauften Tiere innerhalb weniger Tage verenden oder, wie leider schon vorgekommen, sogar auf der Börse versterben, lässt sich die Ursache oft gar nicht so leicht ausmachen.

War es vielleicht doch zu viel Stress, wenn elf Mongolische Rennmäuse in einem Plastikterrarium

So sieht eine gesunde, gut entwickelte Rassemaus aus.

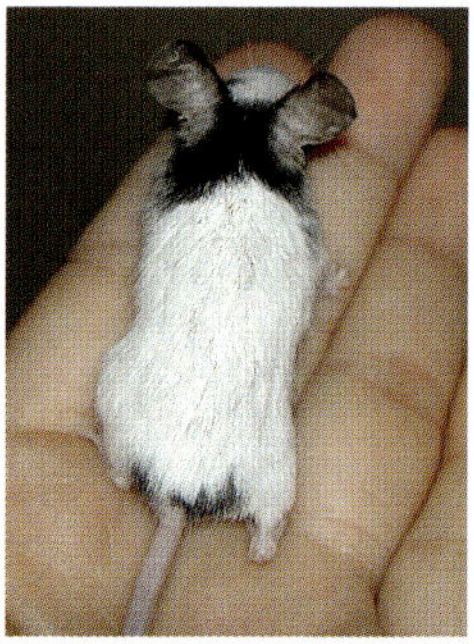

Eine „japanische Minimaus" in St. Pölten (Österreich) auf der Reptilienmesse Exotica allen Ernstes unter diesem Namen zum Verkauf angeboten. Nach ein paar Tagen waren beide Tiere tot.

von 40 cm Länge einen ganzen Tag lang eingepfercht waren? Waren vielleicht die gegen die Scheibe klopfenden Kinder nebst einem freundlich dazu lächelnden Händler zu viel Stress? War es ein Fütterungsfehler? Und wieso waren zwei Mäuse extrem abgemagert?

Hat sich das Tier auf dem Heimweg in der winzigen, eigentlich für Heimchen gedachten Plastikschachtel mit 1 cm Bodenstreu erkältet? Ist es womöglich erstickt, weil nur der Deckel Löcher aufwies – für Skorpione vielleicht gerade noch ausreichend?

Ich übertreibe beileibe nicht und meine Ironie ist lediglich Selbstschutz gegenüber der grausamen Realität. Als jüngstes Beispiel wandte sich eine junge Frau an mich, die im Herbst 2006 auf einer Reptilienbörse in St. Pölten zwei Mäuse mehr aus Mitleid gekauft hatte, deklariert als „japanische Minimaus". Es handelte sich um ganz normale Farbmäuse, entweder bewusst auf Kleinwuchs gezüchtet, durch Mangelaufzucht oder Zuchtschäden erschreckend klein geblieben oder eventuell sogar handelt es sich um das dwarf-Gen dw (Zwergen-Gen), das 1929 auftauchte und häufig Defekte im Immunsystem hervorruft. Die erste Maus starb gleich am ersten Tag, die andere einige Tage später.

Ein einziges Mal habe ich selbst auf einer Reptilienbörse Nager angeboten und werde das nie wieder tun.

Ich kann nicht von allen Reptilienbörsen sprechen, verbürge mich aber mit meinem Namen dafür, auf allen in Hessen miserable Bedingungen für Nagetiere angetroffen zu haben. Die Veterinärämter überprüfen offenbar nur die Reptilienhaltung, bei Nagetieren, die dort nur als Futtertiere gelten, scheint das keine Rolle zu spielen.

Kein Mitleidskauf

Dieses Thema entfacht immer wieder sehr emotionelle Diskussionen, ob man damit nicht letztlich den Tieren schadet. Doch wurden die Läden noch einmal aufgesucht, wo ein Tier aus Mitleid gekauft worden war – teils in geplanten Aktionen –, so stellte sich durchgehend heraus, dass gleich das nächste Tier im viel zu engen Käfig saß. Es sieht also sehr nach Kalkül aus und letzten Endes werden schlechte Haltungs- oder Zuchtbedingungen unterstützt, wenn sich gerade für kranke und schwächliche Tiere immer wieder sicherlich gut meinende Abnehmer finden. Ist ein Tier nur älter und wirkt sonst gesund, liegt der Fall anders und spricht sogar eher für den Händler, der solche „Ladenhüter" nicht an Schlangen verfüttert.

Gesundheitscheckliste

- Das Fell ist glänzend und ohne kahle Stellen.
- Die Krallen sind gleichmäßig lang und gerade gewachsen.
- Die Zähne sind nicht zu lang, gleichmäßig, weder gebogen noch verdreht.
- Die Haut ist rosa, elastisch und ohne Schuppenbildung.
- Der Po ist trocken, sauber und nicht kotverschmiert.
- Die Augen sind glänzend und klar, unverklebt und ohne Ausfluss.
- Nase und Ohren sind trocken und sauber, ohne Rötungen oder Schleim.
- Das Maul ist trocken und sauber, ohne säuerlichen oder fauligen Geruch.
- Die Pfoten werden beim Laufen gleichmäßig belastet; die Fußsohlen sind sauber.
- Ideales Gewicht: die Muskeln sind gut erkennbar; die Knochen treten nicht spitz hervor.
- Der Rücken ist gerade und geschmeidig.
- Die Atmung ist gleichmäßig und ruhig, ohne Röcheln oder Rasseln.
- Das Verhalten ist munter, lebhaft und neugierig.

Gesunde Mäuse sind munter, bewegungsfreudig und neugierig.

Mäuse und andere Haustiere

Hund: Ein Hund kann durchaus lernen, Mäuse als Rudelmitglied zu akzeptieren. Vorsicht ist aber geboten, besonders, wenn es sich um einen ausgesprochenen Jagdhund handelt.

Katze, Echse, Schlange, Frettchen: Sie werden Mäuse immer als Beute ansehen und sollten gar nicht erst im gleichen Raum gehalten werden. Ohne weiteres können sie einen Gitterkäfig herunterfegen. Sofern Sie Mäuse ohne Abdeckung halten, schließen Sie unbedingt das Fenster beim Verlassen des Mäusezimmers. Ich kenne einen schrecklichen Fall, bei dem ein durchs Fenster eingedrungener Marder mehrere Zwerghamster tötete.

Papagei: Er kann von den Mäusen als Raubvogel angesehen werden und dadurch Dauerstress erzeugen. Ein versehentlicher Schnabelhieb kann ebenfalls gefährlich sein. Auch wegen ihrer Tagaktivität nicht im gleichen Raum unterbringen.

Andere Vögel: Sie können ebenso einen Fluchtreflex auslösen, wenn sie über die Köpfe der Mäuse hinwegflattern. Sie sind ebenfalls in einem anderen Raum unterzubringen.

Goldhamster: Sie verbeißen sich mit Mäusen sofort! Nicht mit Rennmäusen im gleichen Raum unterzubringen, da diese wechselaktiv sind, Goldhamster aber rein nachtaktiv.

Zwerghamster: Bei Rennmäusen ebenfalls Unterbringung in einem anderen Raum. Mit verschiedenen Mäusearten kann aber ein gemeinsamer Freilauf möglich sein.

Meerschweinchen: Unterbringung im anderen Raum, da sie tagaktiv sind. Mit diesen gutmütigen Tieren ist aber ein gemeinsamer Freilauf sehr oft möglich.

Kaninchen: Kein Freilauf, kein gemeinsamer Raum! Sie können manchmal schon gegenüber der eigenen Art sehr aggressiv sein. Und ein Biss kann ausreichen, eine Maus zu töten.

Chinchilla: Keine Unterbringung im Rennmauszimmer, da sie rein nachtaktiv sind. Kein gemeinsamer Freilauf, mit ihren Sprüngen können sie eine Maus leicht verletzen.

Ratte: Wie Farbmäuse nachtaktiv. Kein Freilauf! Sie beißen in aller Regel Mäuse sofort tot.

Nach meinen Erfahrungen verstehen sich Vielstreifengrasmäuse mit chinesischen Streifenhamstern beim Freilauf sehr gut. Dennoch sollten die Tiere nie unbeaufsichtigt zusammen laufen.

Haltung

Gemeinsamkeiten der Mäusehaltung

INFOBOX

Grundsätzlich gilt für das ganze Buch: Der Begriff Maus schließt immer die drei genannten Rennmausarten und die Vielstreifengrasmaus mit ein, sofern nicht ausdrücklich deren Name fällt. Wenn umgekehrt im Kapitel der Rennmaus die Maus Frodo (Abb.) erscheint, gilt das Geschriebene auch für die anderen Mäuse.

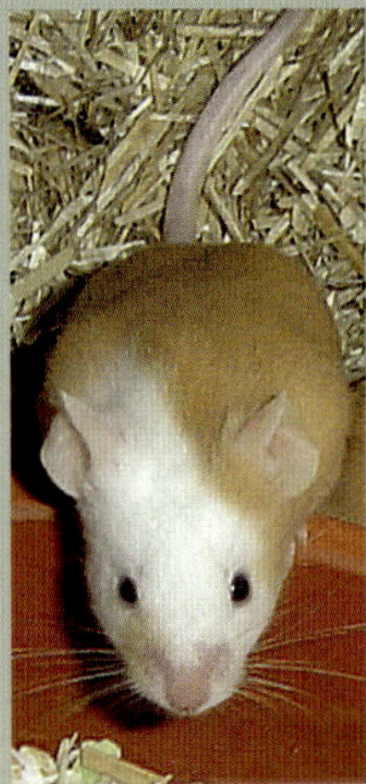

INFOBOX

Je größer, desto besser stimmt nicht für die Käfiggröße! Wenn die Unterbringung zu groß ist, bilden die Mäuse neue Reviere.
Der Gruppenverband zerfällt, es kommt zu Beißereien!

Standort

Das Mäuseheim muss erhöht stehen, da ein Vorbeigehen für die Tiere als Bewegung von oben empfunden wird und einen Fluchtreflex auslöst. Denn von dort greifen auch ihre natürlichen Feinde, die Raubvögel, an. Der Standort muss ruhig sein, ohne laute Musik (Stereoanlage), Zigarettenrauch, intensive Gerüche (keine Küche), Zugluft, direkte Sonnenbestrahlung und starke Temperaturschwankungen. Mäuse nehmen hohe Töne wahr und können auch durch die Nähe eines PCs gestresst werden. Das Schlafzimmer ist sehr ungünstig, nachts können die Nage- und Scharrgeräusche der pelzigen Lieblinge selbst dem größten Mäusefan den Schlaf und den Nerv rauben. Ideale Luftfeuchtigkeit: 50–60 %, ideale Raumtemperatur: 18–22 °C.

Unterbringung

Grundsätzlich gibt es verschiedene Möglichkeiten mit Vor- und Nachteilen. Ein Aquarium (AQ) ist eine saubere Lösung, da keine Streu wie beim Gitterkäfig herausgeworfen werden kann. Problematisch wird es allerdings, wenn zu viele Farb- oder Vielstreifengrasmäuse eingesetzt werden, da diese eine stärkere Ausscheidung als Rennmäuse haben. Aus dem Urin bildet sich giftiges Ammoniak, das zu Boden sinkt, weil es schwerer als Luft ist. Ammoniak reizt die Schleimhäute und Atemwege, und gerade Farbmäuse sind sehr anfällig für Atemwegserkrankungen. Auf jeden Fall darf die Höhe des Aquariums nicht größer sein als die Tiefe. Als Deckel eignet sich ein mit Maschendraht bespannter Holzrahmen.
Ein Terrarium bietet für Rennmäuse eine gute Belüftung, da es oben und unten Lüftungsschlitze hat. Da sie nicht sehr breit sind, darf bei Farbmäusen die Belegungsdichte trotzdem nicht zu groß sein. Ohne weiteres können aber Terrarienbauer breite Lüftungsschlitze einbauen, was meist nicht viel teurer ist. Ein solches spezielles Nagerterrarium nennt man dann Cricetinarium.
Ein wenig Einstreu entweicht zwar noch an der unteren Lüftungsschiene, bei weitem aber nicht so viel wie beim Gitterkäfig. Der zweite Vorteil: Die Hand greift von vorne auf die Tiere zu und nicht von oben, wodurch kein Fluchtreflex entsteht. Vielstreifengrasmäuse zeigen interessanterweise keinen Fluchtreflex beim Griff von oben.
Ein Gitterkäfig bietet eine gute Durchlüftung, allerdings ist die Sicht auf die Tiere behindert. Auch lässt sich die Einstreu nicht sehr hoch einfüllen, da die meisten Bodenwannen zu niedrig sind. Sowieso sind viele handelsübliche Gitterkäfige von vornherein zu klein. Sie können aber einen Gitterkäfigaufsatz auf ein Aquarium stellen und so den Platz erheblich vergrößern.

INFOBOX

Darum nagt eine Maus am Gitter:

- Mangelnder Auslauf
- Futter oder Wasser fehlt
- Fehlender Artgenosse
- Fehlendes Nagematerial
- Zu wenig Artgenossen, manchmal sind zwei noch zu wenig
- Zu wenig Beschäftigung
- Zu wenig Auslauf

Abwechslungsreich gestaltetes Aquarium – am Holzrahmen lässt sich leicht Spielzeug anbringen.

INFOBOX – TIPPS

Unters Aquarium eine Korkplatte legen, in den Gitterkäfig eine Keramikfliese. Das dämpft Scharrgeräusche enorm! Falls die Führungsschiene am Terrarium zu stark angenagt wird: Mit einem Teppichmesser ins Silikon schneiden, Plastikschiene heraustrennen und durch eine Metallschiene ersetzen. Keine scharfen Reinigungsmittel verwenden, sondern 3–4 Tropfen ätherisches Zitronenöl ins Putzwasser geben!

Keine Einzelhaltung!

Mäuse müssen mindestens zu zweit gehalten werden, andernfalls vereinsamen sie schnell oder entwickeln sogar Verhaltensstörungen. Sie kuscheln sich beim Schlafen zusammen, spielen miteinander und betreiben gegenseitig Fellpflege. Auch wenn Sie sich noch so vorbildlich um Ihre Maus kümmern, der Mensch kann ihr nicht den Artgenossen ersetzen. Einzig sehr dominante Rennmausweibchen neigen manchmal zur Unverträglichkeit und fangen immer wieder zu streiten an. Sie zeigen meist keine Verhaltensauffälligkeiten, wenn sie dann gezwungenermaßen allein sitzen.

Vor- und Nachteile der Unterbringung auf einen Blick:

Bei den einzelnen Mäusearten wird auf die Unterbringung noch genauer eingegangen, hier schon einmal die Vor- und Nachteile auf einen Blick: Die Unterbringung mit den meisten Pluspunkten ist für die jeweilige Art am vorteilhaftesten, die mit den meisten Minuspunkten am unpraktischsten. Ein 🔵 bedeutet, dass ein Aspekt keine Rolle spielt. Gräbt eine Mäuseart wenig, fliegt auch kaum Einstreu heraus. Letztlich ist es natürlich auch eine Frage des persönlichen Geschmacks.

Mäuse fühlen sich nur in der Gruppe wohl und brauchen den Körperkontakt zu ihren Artgenossen.

Vor- und Nachteil beim:	Farbmaus	Mongolische Rennmaus	Mittagsmaus und Sundevall-Rennmaus	Afrikanische Vielstreifengrasmaus
GITTERKÄFIG				
Einstreu fliegt heraus	🔵 wühlen manchmal	🔴 wühlen sehr viel	🔴 wühlen sehr viel	🔵 wühlen kaum
Leicht zu reinigen	🟡 urinieren viel	🔵 geringe Ausscheidung	🔵 geringe Ausscheidung	🟡 starke Ausscheidung
Gitternagen	🔵 nagen wenig	🔴 manche Tiere viel	🔵 nagen selten	🔵 nagen wenig
Leicht ausbaubar	🟡	🟡	🟡	🟡
Flasche von außen anbringen	🔵 knabbern etwas weniger an	🟡 knabbern sehr viel an	🟡 knabbern sehr viel an	🔵 knabbern wenig an
Gitterstäbe behindern die Sicht	🔴 sehr schade	🔴 erst recht schade	🔴 besonders schade	🔴 eine Sünde
Laute Scharrgeräusche	🔵 scharren manchmal	🔴 scharren sehr viel	🔴 scharren sehr viel	🟡 scharren wenig
AQUARIUM (AQ)				
Gefahr schlechter Belüftung bei vielen Mäusen	🔴 urinieren viel	🔵 geringe Ausscheidung	🔵 geringe Ausscheidung	🔴 starke Ausscheidung
Freie Sicht	🟡	🟡	🟡	🟡
Einstreu fliegt nicht heraus	🔵 wühlen weniger	🟡 wühlen sehr viel	🟡 wühlen sehr viel	🔵 wühlen kaum
TERRARIUM				
Freie Sicht	🟡	🟡	🟡	🟡
Einstreu fliegt nicht heraus	🔵 wühlen weniger	🟡 wühlen sehr viel	🟡 wühlen sehr viel	🔵 wühlen kaum
Belüftung gut	🟡	🟡	🟡	🟡
Wärmelampe gut anbringbar	🔵 nicht nötig	🔵 nicht nötig	🟡 mögen Wärme	🟡 brauchen Wärme
Geruch wird zurückgehalten	🟡 urinieren viel	🔵 geringe Ausscheidung	🔵 geringe Ausscheidung	🔴 starke Ausscheidung
Griff erfolgt von vorne	🟡 zeigen Fluchtreflex beim Griff von oben	🟡 zeigen Fluchtreflex beim Griff von oben	🟡 zeigen Fluchtreflex beim Griff von oben	🔵 kein Fluchtreflex beim Griff von oben

🟡 = *Vorteil* 🔴 = *Nachteil* 🔵 = *unbedeutend*

Zubehör für Mäuse

Einstreu

Grundsätzlich muss jede Einstreu staubarm sein, frei von spitzen Holzteilen und unbehandelt, also ohne Lösungs- und Düngemittel oder Pestizide. Es gibt große Qualitätsunterschiede. Niest eine Maus häufig oder tränen ihre Augen oft, kann eine staubende „Billig-Einstreu" Ursache sein. Hanfstreu ist sehr leicht, staubarm und ungezieferabweisend. Jedoch gibt es kritische Berichte, wonach manche Marken spitze Teile enthalten sollen. Vogelsand muss wegen einer möglichen Allergie ohne Anis sein (im Zoohandel bestellbar).

Torfmull, Blumenerde und sogar Sandkastensand sehen manche als sehr artgerecht an, ich bin sehr kritisch. Torfmull verpilzt schnell, überträgt Pilzerkrankungen leicht, reizt die Atemwege, da sehr fein. Blumenerde und Sandkastensand begünstigen Hautabschürfungen an Nase und Pfoten beim Graben. Weiter müssen Torfmull und Blumenerde ungedüngt sein (= meist teurer) und Torfmull, Blumenerde und Sandkastensand wegen möglichen Parasitenbefalls im Backofen erhitzt werden. Blumenerde staubt dann, Wasser muss zugeführt werden.

Auf jeden Fall sind solche Einstreuarten nichts für Anfänger/innen. Nicht zuletzt werden zur Gewinnung von Torf die Moore zerstört. Mehr zur Einstreu bei den jeweiligen Mäusearten.

Chinchillasand

Rennmäuse lieben es, darin zu baden, indem sie sich auf den Rücken werfen und entlang ihrer Längsachse im Sand wälzen. Dieses Verhalten zeigen sie auch in freier Natur. Es sieht nicht nur sehr niedlich aus, für die Tiere bedeutet es Stressabbau und beugt Fellschäden vor, weil dabei überschüssiges Fett aus dem Fell entfernt wird.

Farb- und Streifengrasmäuse nehmen meist kein Sandbad, wühlen aber gerne darin oder benutzen es als Toilette. Chinchillasand ist sehr feinkörnig, anderer Badesand schädigt das Fell oder wird nicht angenommen. Damit der nicht ganz billige Sand nicht zu schnell hinausfliegt, benutze ich gern größere Blumentöpfe.

Chinchillasand ist sehr wichtig für die Fellpflege.

Psychologie des Laufradlaufens

Lange Zeit war das Thema Laufrad grundsätzlich sehr umstritten. Kritikpunkt war, dass es sich um eine stereotype Bewegung handelt (= eintönig, immer gleich), sogar der Ausdruck Laufradsucht fiel. Meine Erfahrung dazu war schon immer anders: Gibt es genügend Beschäftigungsmöglichkeiten, so nutzen die Tiere das Rad für eine Weile, wechseln dann aber wieder zu einer anderen Tätigkeit oder spielen miteinander. Eine Studie an der Universität Bern im Jahr 2003 widerlegt eine Laufradsucht zumindest bei Goldhamstern. Die Hamster mit Laufrad zeigten im Gegenteil weniger Stereotypien wie Gitternagen.

Meine Beobachtung ist, dass nahezu alle Mäuse, aber nur 30–45% der Rennmäuse, ein Laufrad nutzen. Grund ist nicht, dass sie es als Babys vermissten und nicht lernen konnten. Sämtliche meiner Terrarien sind mit Laufrädern ausgestattet. Vielmehr laufen dann alle Rennmäuse im Laufrad, wenn beide Eltern es auch tun.

INFOBOX

Ein gutes Laufrad ist nach vorne ganz offen.
Die Rückwand ist vollständig geschlossen, die Lauffläche durchgehend.
Es muss so groß sein, dass der Rücken beim Laufen völlig gerade ist.
Ein Juteband kann die Lauffläche schließen, empfiehlt sich jedoch nicht bei Farbmäusen, da sie viel urinieren.
Durchmesser für Farbmäuse 20 cm, für Rennmäuse 25–30 cm.

Sichere Laufräder:
links für Rennmäuse, rechts für Farbmäuse. Bei Quietschgeräuschen helfen einige Tropfen Speiseöl.

Dieser Schnappschuss zeigt deutlich die Gefahr ungeeigneter Laufräder. Die Rennmaus ist kurz davor, sich die Pfote zwischen Radständer und Achsenverstrebung einzuklemmen.
Außerdem ist der Durchmesser viel zu klein.

Wasserflasche

Rennmäuse können ihren Flüssigkeitsbedarf allein mit wasserhaltigem Obst oder Gemüse decken. Grundsätzlich ist es für ihren Flüssigkeitshaushalt aber viel gesünder, auch Wasser zu trinken. Farb- und Vielstreifengrasmäuse müssen ständig Wasser zur Verfügung haben.

Eine Flasche ist hygienischer als ein Napf, der leicht zugeschüttet wird, außerdem wird aus ihr mehr getrunken. Eine Flasche mit Doppelkugel ist am auslaufsichersten. Fährt man für ein paar Tage weg, sollte ein zusätzlicher Wassernapf aufgestellt werden, falls die Kugel einmal festhängt. Erfahrungsgemäß wird die Flasche selten angeknabbert, wenn sie frei hängt. Manche Flaschen haben oben eine Öse, bei den anderen kann man einen Plastikhaken oben mit Silikon festkleben. Beim Aquarium kann an einer quer gelegten Latte die Flasche mit Draht aufgehängt werden.

Beim Gitterkäfig wird sie am einfachsten von außen in eine Drahtschlaufe geschoben. Auch Metallhäuser gibt es, in die sich die Flasche hineinstellen lässt.

Futternapf

Zwar entspricht es dem natürlichen Verhalten der Mäuse, sich das Futter aus der Einstreu herauszusuchen. Das Fressverhalten lässt sich aber leichter mit einem Napf kontrollieren. Der Napf muss völlig standfest sein und sollte erhöht stehen, damit er nicht zugescharrt wird.

Mineralienstein und Kalknagestein

Ersterer kann zum Ausgleich des Mineralienbedarfs sinnvoll sein, der bei Stress oder einer Krankheit steigt. Ein Kalkstein ist jedoch bei guter Ernährung nicht nur unnötig, sondern belastet den Körper eher mit zu viel Calcium, was die Bildung von Nierensteinen begünstigt.

Schlafhaus

Ein Schlafhaus muss groß genug sein, damit alle Mäuse darin Platz finden. Es sollte nicht aus Plastik, schon gar nicht aus Hartplastik sein, da beim Anknabbern eine hohe Verletzungsgefahr durch Splitter besteht. Plastik begünstigt auch die Bildung von Kondenswasser. Zum Nestbau eignen sich Heu, Sharpie, Toilettenpapier oder unparfümierte Taschentücher. In Hamsterwatte, sei sie auch „voll verdaulich", können leicht die Gliedmaßen der Tiere abgeschnürt werden.

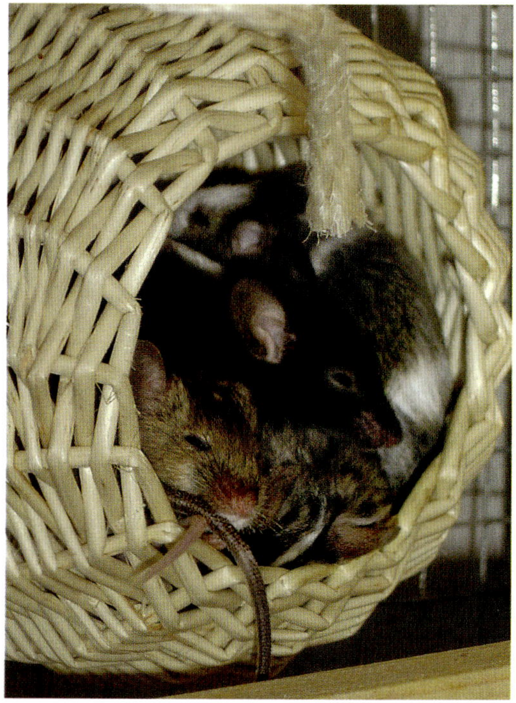

In diesem Schlafhaus aus geflochtenem Bast fühlt sich die Mäusefamilie sichtlich wohl. Eng aneinander gekuschelt spenden sich die Tiere gegenseitig Wärme und Geborgenheit.

Ein Salzleckstein ist eine sinnvolle Nahrungsergänzung.

Spielzeug

Unter Spielzeug verstehen Mäuse etwas anderes als wir Menschen. Alles, was unbedenklich zernagt, umgraben oder unterwühlt werden kann, wo durchgeschlüpft oder was erklettert werden kann, ist in ihren Augen ein gutes Spielzeug. Scharfe Kanten oder spitze Enden müssen stumpf geschliffen werden. Unter schweren Gegenständen darf sich keine Einstreu befinden, da die Mäuse sonst beim Wühlen erschlagen werden können. Hölzer aus dem Wald und Baumzweige müssen als Schutz vor Parasiten eingefroren werden oder eine halbe Stunde in den Backofen oder in heißes Wasser gelegt werden. Kurzes Überbrühen genügt nicht!

NAGESPIELZEUG

Frische Zweige
(vorher einfrieren!)

Heu, Strohpellets

Schuhkarton

Klopapierrollen,
Pappküchenrollen,
Eierkartons

Dachlattenstücke
(Holz unbehandelt)

KLETTERSPIELZEUG

Leitern aus Holz und
viereckigem Draht

Farbmäuse: Seile

Wurzelholz

Große Kieselsteine,
Aquariensteine,
Ziegelsteine

Treppe: verschieden große
Latten zusammennageln

Papprollen zernagen Rennmäuse mit Begeisterung. „Paula"

Seil häckseln: Lieblingsbeschäftigung von „Paula" + „Momo".

DURCHSCHLÜPFEN

Runde Korkrinden
(Gärtnerei)

Windlichtglasaufsatz

Lochziegelstein

Papprollen (sehr billig
im Bastelgeschäft),
Metallrohr, 5 cm breit

Tonröhren aus dem
Recyclingcenter

Solch ein aufgehängter Eierkarton mit einer Getreideähre ist Kletter- und Knabberspielzeug zugleich.

SCHLAFHAUS/WÜHLEN

Kokosnuss/-affe,
Tonpflanzset

Duftlampe
Wein-, Zigarrenkiste

Blumentopf umdrehen,
Ecke herausschlagen
und stumpf feilen,
Tee- oder Kaffeekanne

Umgelegte Tassen,
Gläser, Krüge

Ernährung

Hhm, das schmeckt!

INFOBOX – REZEPT

120 g Dinkelmehl mit dem Eiweiß von 2 Eiern verrühren (nur Eigelb enthält Cholesterin).
Zutaten: Beliebig viel Sittichfutter, Weizen, Dinkel, Gerste, Sojaflocken, Sonnenblumenkerne, klein geschnittener Löwenzahn, Kräuter, etwas Wasser. Den Teig um Baumäste kleben.
Bei 180°C im Backofen auf mittlerer Stufe 45 Minuten backen. Portion für 4–5 Mäuse.

Instinktiv gesunde Ernährung oder „geschadet hat es ihnen nicht!"

Oft hört man, dass Mäuse und besonders Rennmäuse noch ein instinktives Fressverhalten hätten, also nur das zu sich nehmen, was ihnen auch bekommt. Und noch öfter: „Die Maus hat es ohne Schaden gefressen, es muss also gesund gewesen sein." Ich bin da anderer Ansicht. Zum einen wird der warnende Instinkt bei dem Futter versagen, das die Maus in ihrer Heimat nicht kennt. Zum anderen fressen fast alle Mäuse, wenn man sie lässt, z.B. Sonnenblumenkerne im Übermaß, wo also der Instinkt schweigt und die Naschhaftigkeit siegt. Auch Langzeitfolgen werden dabei nicht berücksichtigt. Man kann sich also nicht darauf verlassen, dass Mangelkrankheiten auszuschließen sind, wenn Mäuse ihre Futtervorlieben ungehindert ausleben dürfen. Süßes wie Kekse oder Nutellabrot ist schädlich, auch Mäuse können an Karies erkranken! Ihre Nahrung darf nie Zucker, Honig oder Melasse enthalten, auch wenn es vermeintlich gesunde Knabberware aus dem Zoohandel ist.

Futtermischung

Im Zoohandel gibt es Futtermischungen für Mäuse und Rennmäuse. Falls es in Ihrer Gegend kein Rennmausfutter gibt, ist Hamsterfutter am besten geeignet, das mit Sittich- oder Kanarienfutter gemischt werden kann. Hirse ist wegen der darin enthaltenen Kieselsäure wichtig für kräftige Krallen und ein glänzendes Fell. Sie können auch eine eigene Futtermischung zusammenstellen oder zur gekauften noch einiges dazugeben. Eine gute Mischung enthält 20% fetthaltige Bestandteile wie Sonnenblumenkerne und Nüsse, notfalls sind sie wieder herauszusammeln. Kleine Saaten sind zu bevorzugen, damit die Tiere beim Fressen stärker beschäftigt sind. Mischungen mit Nebenerzeugnissen meiden! Dies ist ein beschönigendes Wort für Abfallprodukte.

Eine gute Futtermischung für Mäuse und Rennmäuse besteht überwiegend aus kleinen Saaten.

INFOBOX

Als Zusatz zum Grundfutter eignen sich:
- Sojaflocken, Buchweizen; Weizen, Gerste, Hafer, Roggen, Dinkel
- Feinkörnige Saaten: Kolbenhirse, Sittichfutter, Kanarienfutter, Leinsamen (Vorsicht: Im Übermaß abführend), Sesamsaat, Amaranthsamen (Reformhaus, sehr hochwertig)
- Vollkornmüsli ohne Zucker oder Honig, Cornflakes, Erbsenflocken, Trockengemüse
- in Maßen, da energiehaltig: Johannisbrot, Mais, ungeschwefeltes Trockenobst, Haferflocken

Die Maus als Leckermaul

Viele Mäuse suchen sich aus der Futtermischung die leckersten Bissen heraus und lassen den Rest erst einmal liegen. Hier heißt es, unnachgiebig zu sein und wirklich so lange kein Futter nachzufüllen, bis alles aufgefressen wurde. Die cleveren Mäuse lernen sonst sehr schnell, dass es als Belohnung für ihr wählerisches Verhalten wieder neue Leckerbissen gibt. Keine Angst, sie verhungern schon nicht, dafür ist der Selbsterhaltungstrieb viel zu stark.

Mäuse und Rennmäuse bleiben fit, wenn sie sich ihr Futter erarbeiten. Hochgehängte Kolbenhirse eignet sich dazu gut. „Paula"

Nagezähne abnutzen

Da die Schneidezähne von Nagetieren ständig nachwachsen, müssen sie regelmäßig abgenutzt werden. Geeignet sind frische Zweige, Körner, hartes Vollkornbrot. Auch Heu sorgt für einen Abrieb der Zähne, ist wegen der vielen Ballaststoffe sehr verdauungsfördernd und kann täglich gereicht werden.

Oxalsäure, Blausäure und Paracelsus – Blausäure in Zweigen?

Einem Gerücht zufolge, das hartnäckig im Internet kursiert und immer wieder zur Verunsicherung führt, enthalten nicht nur die Steinobstkerne giftige Blausäure, sondern laut mindestens 20 Homepages soll sie auch in den Zweigen von Steinobstbäumen vorkommen. Eine Quellenangabe für diese Meldung findet sich jedoch nirgendwo. Wohl, weil sie nicht stimmt!

Dr. Petra Koch von der Tierärztlichen Hochschule Hannover hat mit ihrem Team im Jahr 1996 eine leider nicht veröffentlichte Studie durchgeführt. Demnach enthalten die Zweige unserer einheimischen Steinobstbäume keinerlei blausäurehaltige Verbindungen, lediglich Pappel und Weide in geringen Spuren. Im Gegenteil sind sie sehr mineralienhaltig und bei Mäusen, die eine erbliche Neigung zur Epilepsie haben, sehr zu empfehlen (vgl. S. 75). Aber auch gesunde Tiere dürfen sie täglich bekommen. Zudem verfügen Nagetiere wie alle Säuger über bestimmte Entgiftungsenzyme, die Rhodanasen, die in der Lage sind, Blausäure in Rhodanid (Thiocyanat) umzuwandeln, das über den Harn ausgeschieden wird. Dieses Entgiftungssystem hat seine Grenzen, aber ein Pappel- oder Weidenzweig hin und wieder ist unbedenklich. Wie schon Paracelsus sagte: Die Menge macht das Gift.

Gleiches gilt für die Oxalsäure, die mitunter als „Calciumkiller" bezeichnet wird. Sie verbindet sich nämlich im Körper mit Calcium zu Calciumoxalat. Dieses wasserunlösliche Salz lagert sich im Harnleiter und in den Nieren ab, sodass sich Nierensteine bilden können. Außerdem wird dem Körper dabei Calcium entzogen. Oxalsäure ist in großer Menge in Sauerampfer und Sauerklee enthalten sowie in Spinat, Mangold und Rhabarber und in Roten Beten in geringerem Maß. Letztere dürfen ab und zu angeboten werden.

Zweige enthalten viele Mineralien. Sie müssen aber von ungespritzten Bäumen stammen und sollten zum Schutz vor Parasiten eingefroren oder im Backofen eine halbe Stunde erhitzt werden.

Grüne Bohnen sind schon in geringer Menge hochgiftig! Etwas weniger giftig sind gekeimte Kartoffeln, das Grüne von ihnen und das von Tomaten sowie Tomatenkerne. Alle Kohlsorten führen zu Blähungen. Ausnahme ist der leichter verdauliche Broccoli, hier darf gelegentlich ein kleines Stück gereicht werden.

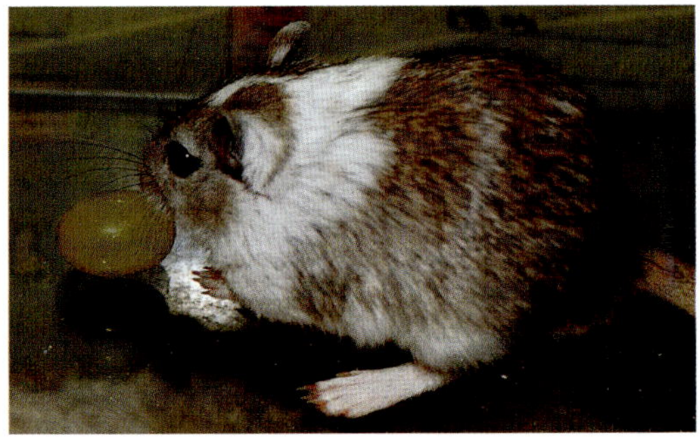

Der Wassergehalt von Weintrauben ist mit 80 % geringer als von Gurke, Tomate und Wassermelone (90–97 %). Trotzdem sollte sie wegen des hohen Fruchtsäuregehalts an Rennmäuse nur sparsam verfüttert werden.

Zitrusfrüchte, darunter auch Kiwi und Ananas, rote und noch mehr schwarze Johannisbeeren schädigen das Verdauungssystem.
Tomate, Gurke und Melone dürfen an Rennmäuse wegen ihres hohen Wassergehaltes nur sparsam verfüttert werden. Das Verdauungssystem von Rennmäusen ist an die trockene Vegetation ihrer Heimat angepasst, während die Farbmaus als jahrtausendealtes Haustier unser Nahrungsangebot weitaus mehr gewohnt ist.

Grünfutter und Kräuter

Mäuse benötigen täglich Frischfutter oder Grünes. Es darf nie direkt aus dem Kühlschrank gereicht werden, die Reste werden am gleichen Tag entfernt. Die meisten Salate sind durch die Düngung sehr nitratbelastet, besonders wenn sie aus dem Gewächshaus stammen. Endivie, Chicorée, Radicchio und Rucola sind weitaus weniger belastet, ein Eigen- oder Bioanbau ist trotzdem vorzuziehen.
Grünfutter darf nicht vom Straßenrand stammen, von gedüngten Wiesen oder Rasen, wo viele Hunde ausgeführt werden. Vorsicht bei Gewürzpflanzen, viele sind abtreibend und können epileptische Anfälle auslösen!
Solche sind: Basilikum, Beifuß, Bohnenkraut, Majoran, Petersilie, Rosmarin, Salbei, Thymian.

Rucola nimmt beim Düngen sehr viel weniger Nitrat auf als andere Salate, ein Anbau im Garten ist gesünder.

Gesunde Kräuter: getrocknete Brennnesseln, Dill, Gänseblümchen, Huflattich, Klee, Kerbel, Kresse, Löwenzahn, Schafgarbe, Scharbockskraut, Taubnessel, Vogelmiere, Wegerich. Kamille, Melisse und Pfefferminze sparsam reichen.

Gesunde Hölzer: Alle Nusshölzer, Obstbäume, fast alle Laubbäume. Pappel und Weide ab und zu. Eiche enthält zu viel Gerbsäure.
Giftige Hölzer: Nadelhölzer, Buchsbaum, Eibe, Ficus, Geißblatt, Goldregen, Oleander, Rhododendron.

Tierisches Eiweiß

Mäuse benötigen tierisches Eiweiß. Sehr beliebt, wenn auch fetthaltig, sind Mehlwürmer. Rennmäusen reicht man etwa zweimal wöchentlich 1–2 Würmer, Farbmäusen circa einen Wurm pro Woche.
Alternativen sind: Quark, fettarmer Natur- und Fruchtjoghurt ohne Zucker, Welpenaufzuchtmilch, Hundekuchen, getrocknete Bachflohkrebse oder Garnelen, Hüttenkäse, Eier (wegen Salmonellengefahr kochen!). Für Farbmäuse auch Katzentrockenfutter, fettarmer Hartkäse, ungezuckerter Babyfruchtbrei. Hundetrockenfutter ist zu fetthaltig.

Wenn Ihre Tiere Mehlwürmer verschmähen, versuchen Sie es mit fettarmem Joghurt, der Lieblingsspeise vieler Mäuse.

Eingewöhnung

Jetzt kommt die Maus!

Nun kann es losgehen! Sie haben sich gründlich informiert, das Mäuseheim steht bereit. Nochmals zu betonen ist, dass Sie mindestens zwei Mäuse nehmen sollten, egal welche Mäuseart Einzug nimmt, es sei denn, eine Maus soll in Gesellschaft kommen. Für den Heimweg empfiehlt sich eine Transportbox aus Plastik. Pappschachteln können allzu schnell durchgeknabbert werden, und eine Plastikbox bietet Schutz gegen Zugluft und Kälte. Ein Teil der alten Einstreu wird wegen des vertrauten Geruchs mitgegeben.

Zu Hause angekommen, sollten Sie den Mäusen einige Tage Gelegenheit geben, sich in Ruhe einzugewöhnen, und sie nicht gleich herausnehmen. Stellen Sie die geöffnete Transportbox ins Mäuseheim und lassen Sie die kleinen Nager ihr neues Zuhause untersuchen. Dabei können Sie ruhig zuschauen, ein erster Kontakt wird dadurch oft schon hergestellt. Mein Rat ist, in der Eingewöhnungszeit kein Haus anzubieten! Erfahrungsgemäß werden Mäuse schneller zutraulich, wenn sie sich nicht ganz verkriechen können.

Neue **Farbmäuse** müssen wegen ihrer Anfälligkeit für ansteckende Krankheiten unbedingt in **Quarantäne** gesetzt werden! Das bedeutet in einen eigenen Käfig und ein eigenes Zimmer. Die Mindestempfehlung erfahrener Züchter/innen ist 14 Tage, besser 4 Wochen. Bei einzelnen Farbmausmännchen muss die Zeit zwangsweise verkürzt werden, da die Möglichkeit zur Vergesellschaftung gering ist, wenn sie älter als einen Monat sind.

Eine solche Transportbox ist ideal.

Diese Griffweise ist sicher und auch für Anfänger geeignet. Beide Hände werden unter dem Bauch der Maus schnell zusammengeführt. (Shaw-Rennmaus)

Richtige Handhabung – Kein Eulengriff!

Mäuse dürfen nie von oben gegriffen werden, da bei jeder Bewegung von oben ein Fluchtreflex ausgelöst wird. Bilden Sie stattdessen mit beiden Händen eine Art Pfanne und umgreifen Sie die Maus unterm Bauch (= Pfannengriff). Auf der Hand darf sie zur zusätzlichen Sicherung vorsichtig an der Schwanzwurzel gehalten werden. Niemals an der Schwanzspitze greifen, der Schwanz könnte abbrechen! Dort befindet sich nämlich eine Sollbruchstelle, die der Maus bei Gefahr das Leben retten kann. Wenn ein Fressfeind die Maus nur am Schwanz zu packen bekommt, bricht er wie bei einer Eidechse ab, und die Maus kann flüchten. Im Gegensatz zur Eidechse wächst der Schwanz aber nicht mehr nach. Ist eine Maus noch sehr ängstlich, kann man einen alten Trick der Vogelspinnenhalter/innen übernehmen: die Maus in eine Tasse laufen lassen und darin hochheben.

Verhalten

Die neugierigen Rennmäuse kommen oft von selbst auf die Hand.

Zähmungsmethoden

Mäuse werden sehr schnell zahm, je jünger, desto intensiver und schneller natürlich. Aber auch im fortgeschrittenen Alter können sie durchaus noch zutraulicher werden.

1. Auf die Hand locken:

Die Hand wird ganz ruhig in den Käfig gelegt. Besonders bei Rennmäusen kann ein testender, sogenannter Futterbiss manchmal etwas fester ausfallen. Dies ist aber keine böse Absicht. Wäre das Tier bissig, würde es sofort und fest zubeißen. Zurückzucken möglichst vermeiden. Ist die erste Angst überwunden, steigen die neugierigen Mäuse auch ohne Futter auf die Hand.

2. Mit Futter locken:

Sonnenblumenkerne sind ein vortrefflicher Leckerbissen zur Zähmung. Die sonst so stürmischen Rennmäuse nehmen die Kerne ganz vorsichtig aus der Hand. Diese Methode ist deshalb besonders gut für Kinder geeignet.

Nur: Bitte sparsam verfüttern! Als nächster Schritt wird ein Apfelstück in die Hand gelegt. Die Hand sollte nur nicht immer mit Futter kommen, sonst beißt jedes Tier irgendwann hinein.

3. Anschlussmethode – in den Ärmel nehmen:

Die Maus fühlt sich in der warmen Höhle sicher, nimmt gleichzeitig den Körpergeruch ihres Menschen wahr und verbindet ihn mit dem positiven Gefühl.

4. Erpressung!

Futternapf herausnehmen, die Maus muss auf die Hand kommen, wenn sie fressen will! Es klingt zwar gemein, ist aber bei scheuen Tieren eine wirkungsvolle Methode.

Sprache der Maus

Mäuse verständigen sich mit Pfeiftönen und für uns unhörbaren Lauten im Ultraschallbereich. Darüber hinaus verfügen sie aber auch über eine reiche Körpersprache.

Trommeln: Rennmäuse stellen in freier Natur Wachtposten auf. Bei der kleinsten Bewegung fiepen sie laut und trommeln mit den Hinterpfoten auf den Boden, um ihre Sippe vor Gefahr zu warnen. Dann verschwinden sie selber sofort im Bau.

Mit den Pfoten auf eine andere Maus eintrommeln: Nicht immer Angriffslust, sondern auch Angstdrohung. Manchmal wird auch nur in die Luft getrommelt.

Fiepen: Angst-, Schmerzlaut oder Ärger.

Männchen machen: Neugierde, Erschrecken, sie verschafft sich einen besseren Überblick.

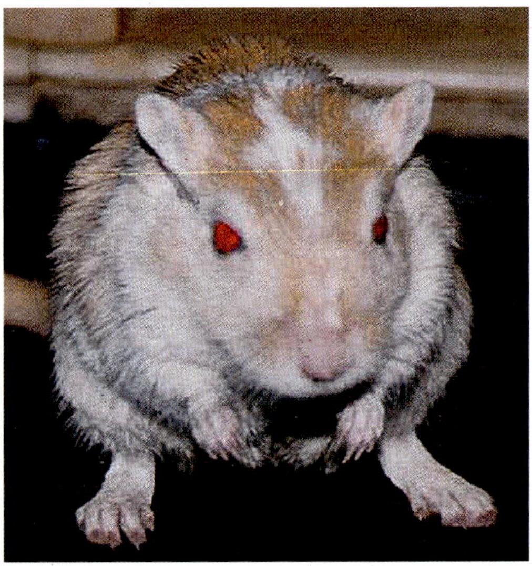

Die wohl häufigste Geste bei der Rennmaus ist das Männchen machen. „Boris"

Kopf senken: Demutsgebärde, Zeichen der Unterordnung.

Am Bauch einer anderen Rennmaus schnüffeln: Dort befindet sich eine Duftdrüse. Die Maus überprüft am Geruch das Geschlecht und ob die andere zu ihrer Sippe gehört.

Mit dem Bauch am Boden entlangrutschen: Mit einem Sekret aus der Duftdrüse am Bauch markiert sie ihr Revier. Häufiges Verhalten bei Männchen, aber auch bei ranghohen Weibchen.

Für unsere Nasen nicht wahrnehmbar ist das Sekret der Duftdrüse am Bauch, das Rennmäuse zur Reviermarkierung abgeben.

Eigenen Kot fressen: Normales Verhalten, mit dem sie wichtige B-Vitamine aufnimmt.

Schnüffeln am Maul einer anderen Rennmaus: Im Speichel befinden sich chemische Reizstoffe, die der Erkennung untereinander dienen.

Nach einer Rangelei senkt eine Rennmaus den Kopf als Zeichen, dass sie sich unterwirft.

Schnurren: Ausdruck des Wohlbehagens beim Streicheln. Kommt tatsächlich auch bei Rennmäusen vor. Ist mit unseren Ohren nicht zu hören, aber deutlich zu spüren.

Die Pfoten gegen eine andere Maus stemmen: Versuch, sie zu beschwichtigen und zu beruhigen. Auch Verhalten vom „Friedensstifter", wenn eine andere Maus angegriffen wird.

Besondere Sprache der Farbmaus

Trommeln, begleitet von Schwanzklopfen: Auch Farbmäuse trommeln mit den Hinterbeinen. Kein Warnsignal, sondern eine Drohgeste.

Gesträubtes Fell, steife Beine, aufgerichtete Schnauze: Gleich greift sie an!

Auf die Hinterbeine setzen, Vorderbeine an den Körper pressen, Pfeifton: Demutsgeste, die Maus ergibt sich. In der Regel lässt der Gegner von ihr ab. Wenn nicht, müssen die Tiere unbedingt getrennt werden!

Mit diesem vermeintlichen Kuss erkennen sich Rennmäuse untereinander durch Duftstoffe im Maul.

Die Farbmaus (Mus musculus)

Wie bereits erwähnt, ist die Farbmaus eine Zuchtform der weltweit verbreiteten Hausmaus. Die Hausmaus ist ein Kulturfolger (auch kommensale Form genannt). So nennt man Tiere, die sich den Menschen dicht anschließen, daraus Nutzen ziehen und manchmal auch von deren Vorräten leben. Je nach Unterart leben manche Hausmäuse ganz oder nur im Winter in den Häusern der Menschen. Die hohe Zutraulichkeit, die Farbmäuse erreichen können, zeigt sich im Ansatz schon bei der wild lebenden Hausmaus.

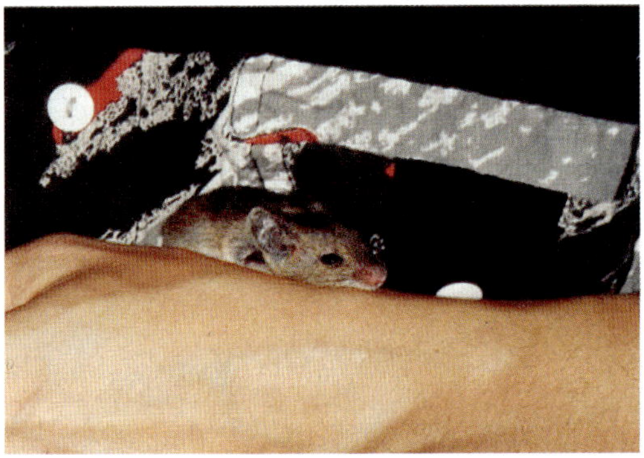

Eine junge Hausmaus, die ich vor einer Katze gerettet hatte, sprang auf meinen Arm und schmiegte sich an mich, instinktiv wissend, dass sie dort sicher ist.

Vorkommen

Die ursprüngliche Heimat der Hausmaus verläuft vom östlichen Japan über die eurasischen Trockengebiete bis Nordwestafrika. Aber sehr schnell wurde sie durch den Menschen über die ganze Welt verbreitet. Die wild lebenden Hausmäuse kommen in Savannen, Steppen- und teilweise Wüstengebieten vor. Ursprünglich sind alle Hausmäuse Gras-, Samen- und Kornfresser, wo sie sich aber den Menschen angeschlossen haben, leben sie auch von deren Vorräten oder Abfällen. In der Steppe leben sie in unterirdischen Gängen, die sie in verschiedene Lebensbereiche einteilen. Dort legen sie auch Vorräte an, was sie nicht tun, wenn sie in den Häusern der Menschen leben. In der Regel ist dort genug zum Fressen da.

Besonderheiten

Die Hausmaus ist dämmerungs- bis nachtaktiv, worauf ihre großen Augen hinweisen. Ihr Geruchs- und Gehörsinn ist außerordentlich gut entwickelt, mit den großen, kaum behaarten Ohren nimmt sie noch Töne bis 100.000 Hertz wahr (der Mensch bis ca. 15.000). Der unbehaarte Schwanz ist so lang wie ihr Körper. Die Lebenserwartung beträgt ca. 1,5–2 Jahre.

Bei der dominanten Scheckung Rumpwhite (engl. „Rumpfweiß") sind Hinterleib, Hinterbeine und der Schwanz weiß. Liegt das Gen jedoch reinerbig vor (R^wR^w), stirbt die Frucht schon im Mutterleib ab.

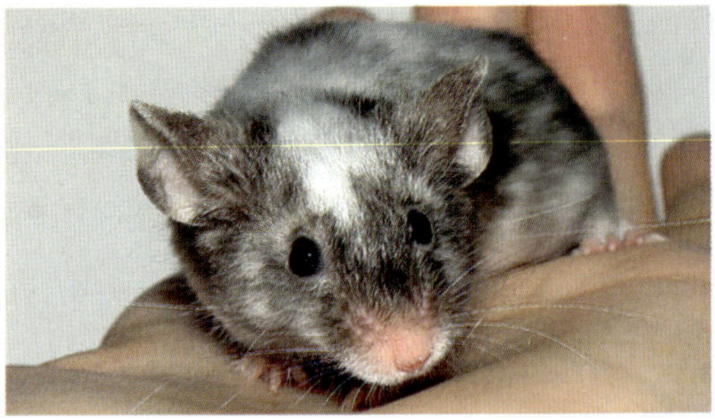

Dominante Scheckung Variegated (Gen W^v)

Die Tiere sind zwar nicht so intelligent wie Ratten, lernen aber schnell, ob ihnen von Menschen eine reale Gefahr droht oder ob es bei schrillen Entsetzensschreien bleibt. Nicht wenige wütende Berichte gibt es, wie der Käse von den Mäuseeindringlingen

„Will die Frau mit der schrillen Stimme mir etwas sagen?" Manchmal freunden sich Menschen mit wilden Mäusen an und kommen dadurch „auf die Maus". „Zelnott"

geschickt von der zugeschnappten Mäusefalle herunter gefressen wurde. Aber es gibt auch Menschen, die Freundschaft mit wilden Mäusen schließen, die in ihre Wohnungen eingedrungen sind. Eine Frau wurde so zur Rassefarbmauszüchterin.

Farbschläge

Von der Farbmaus gibt es in Deutschland momentan 60 Zuchtfarben, von denen 32 Farben im Zuchtstandard anerkannt sind. Weiter gibt es über 150 erweiterte Farbschläge, die weder anerkannte Standardfarbe noch Zuchtfarbe sind, aber noch von den Genen (Erbanlagen) zugeordnet werden können. Die Zahlenangaben stammen vom Deutschen Mäuse-Rassezuchtverein Muroidea e.V. (DMRM e.V.), der einen verbindlichen Zuchtstandard für Deutschland erstellt hat (Stand November 2006, siehe Anhang). Andere Länder wie England, Skandinavien und Amerika haben noch mehr Farbschläge durch bei uns noch unbekannte Genmutationen. Von fast allen Farbschlägen gibt es noch Schecken, Tan- und Fox-Mäuse und unterschiedliche Fellformen. Der DMRM e.V. hat sie in fünf Gruppierungen (Varietäten) eingeteilt. Die häufigsten Farben sind: Agouti (Wildfarbe), Schwarz, Albino, Argente, Dove (Taubengrau).

Agouti und Self-Farbschläge

Der Zuchtstandard unterscheidet die Self-Farben (engl.; selbst), bei denen jedes einzelne Haar von der Wurzel bis zur Spitze gleich gefärbt ist, und Farbschläge, die an die Wildfarbe Agouti angelehnt sind. Diese Mäuse haben das sogenannte Ticking (auch Bänderung). Das bedeutet, dass jedes einzelne Haar drei Farbzonen enthält, wodurch die Farbgebung wie gestreut wirkt. Deshalb heißen die agoutifarbenen Tiere auch Ticked-Mäuse.

Tan und Fox

Bei Tan- und Fox-Mäusen zeigt der Bauch eine andere Färbung, abgegrenzt vom Rücken in einer geraden Linie. Bei Tan-Mäusen ist er orange, bei Fox-Mäusen rein weiß. Man unterscheidet Fox- und Tan-Mäuse mit und ohne Ticking.

Rezessive Scheckung Piebald (Schecken-Gen ss). „Leopold"

Bei den Agoutifarben enthält jedes Haar drei Farbbereiche.

Zum Anbeißen, diese Chocolate-Fox-Maus! Gencode: a^t-$c^{ch}c^{ch}$D-P-

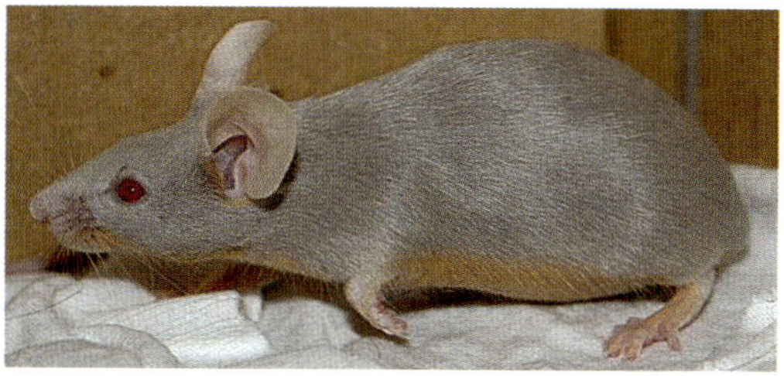

Kurzhaar Dove Tan (taubengrau). Auch „Spooner's Senja Grey" zeigt eine schöne Färbung. Gencode: a^t-B-C-D-pp

Black Tan. Das Ideal bei Tanmäusen ist ein Bauch in kräftigem Orange. „Spooner's Onassis" ist sehr schön und typgerecht gefärbt. Gencode: a^t-B-C-D-P-

Himalayan. Ein unechter oder acromelanistischer Albino. Gut erkennbar die Dunkelfärbung der Points. „Akasha's Helena"

Colourpointed

Das Himalaya-Gen c^h bewirkt eine starke Aufhellung des Fells und Dunkelfärbung der Kältestellen des Körpers, d. h. Ohren, Füße, Nase und Schwanz, die als Points (engl. Punkte) bezeichnet werden. Es tritt auf bei den Farben Siamese, Burmese und Himalayan (Bilder S. 53/54). Beim Himalayan handelt es sich um ein Tier, das dem Albino recht nahe kommt, aber eine deutliche Pigmentbildung an den Points aufweist (= Acromelanismus). Echte Albinos besitzen dagegen keinerlei Farbpigmente. Das Fell ist schneeweiß, die Augen sind rot, weil das Blut hindurchscheint. Bei Farbmäusen gibt es echte und unechte Albinos.

Angora-, Langhaar- und Rexmäuse

Alle Fellformen haben eigene Gene, die mit allen Farben und auch miteinander kombiniert werden können und sich unabhängig von den Farbgenen vererben. Was ich beim Goldhamster in meinem Hamsterbuch vermutete, nämlich dass es sich bei Angora und Langhaar um unterschiedliche Fellformen mit verschiedenen Genen handelt, ist bei der Farbmaus der Fall! Das Symbol für das Angora-Gen ist go, für das Langhaar-Gen lgh (Abk. für engl. long hair).
Rex- oder Lockenmäuse, seltener Wollmäuse genannt, tragen als Jungmäuse Locken, die sich aber mit dem ersten Fellwechsel langsam auswachsen. All diese Fellzuchten weist der DMRM e.V. jedoch in den Bereich der Qualzucht. Wimpern und Tasthaare wachsen häufig nicht gerade, wodurch der Orientierungssinn beeinträchtigt ist und die Augen ständig gereizt werden. Halter/innen berichten, dass nicht wenige Mäuse an dauerndem Juckreiz leiden. Zudem ist das Fell oft dünner als normal, besonders häufig im Kopfbereich. Sicher gibt es auch Langhaar-, Angora- und Rexmäuse ohne solche Beeinträchtigungen. Um den Begriff Qualzucht zu rechtfertigen, reicht es aber aus, dass diese über ein bloßes Zufallsmaß weit hinaus auftreten.

Himalayan. Gencode: aaB-c^hcD-P-

Solche hübschen Locken haben nur junge Locken- oder Rexmäuse. Danach wachsen sie allmählich aus. Nicht zuletzt deshalb ist die Rex-Zucht sehr fragwürdig.

Bei dieser Rexmaus sieht man deutlich die gekrümmten Tasthaare.

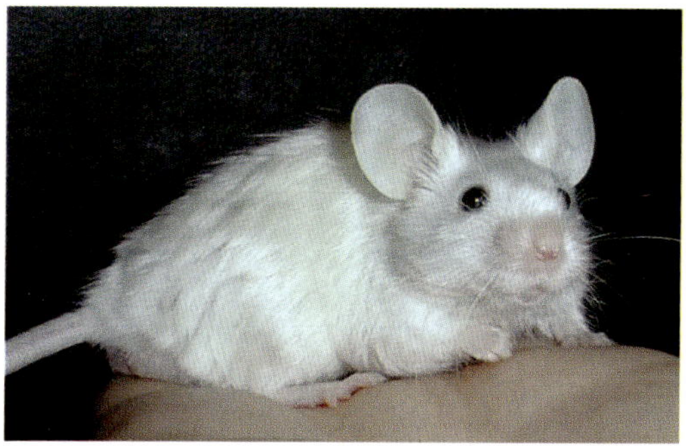

Angoramaus.
Nicht alle Tiere haben Fell- oder Hautprobleme.

Langhaar-Angoramaus.
Die Felltypen sind auch miteinander kombinierbar.

Das Tasthaar dieser Langhaar-Angoramaus ist zu lang. Später plagte sie sich auch noch mit Augenentzündungen.

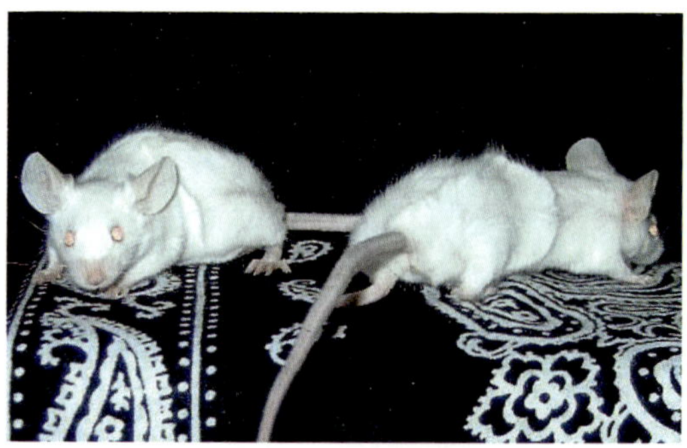

Die Rosettenmaus gilt nach jetziger Erkenntnis nicht als Qualzucht. Diese Mäuse haben Wirbel im Fell.

Satinmaus (Laienname Seidenmaus)

Das Satin-Gen bewirkt einen seidigen Glanz im Fell. Anders als beim Hamster dürfen aber zwei Satinmäuse miteinander verpaart werden, da hier das Satin-Gen rezessiv ist und keinen Letalfaktor enthält. Trotzdem sollte regelmäßig eine normale Maus eingekreuzt werden, da das Fell bei zu häufiger Reinzucht irgendwann ausdünnt. Die Tiere sind dann auch oft kleiner und zierlicher.

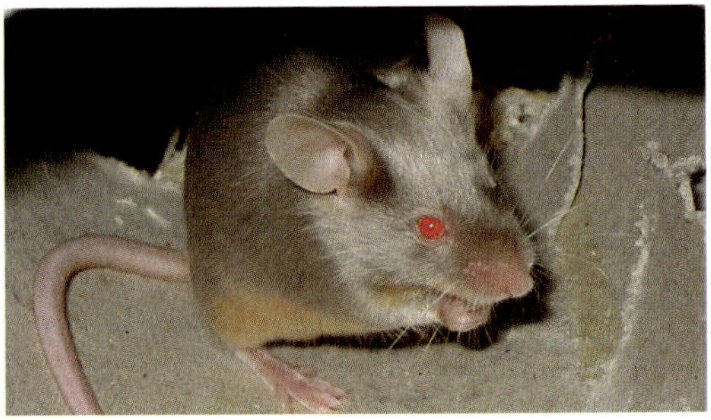

Satinmaus: Dove-Tan-Maus mit Satinfell.
Gencode: a^t-B-C-D-ppsasa

Qualzuchten: Rot, Fawn, Argente, Zobel (Sable) und Marten Sable

Die Mäuse mit dem dominanten Gen Ay leiden unter einer erblichen Belastung zur extremen Fettleibigkeit. Laut dem DMRM e.V. werden fast alle Mäuse fett! Liegt das Gen reinerbig vor, stirbt die befruchtete Eizelle sofort ab. Junge Mäuse sind noch schlank, erst später nehmen sie zu. „Gelbe" oder „orangefarbene" Mäuse gehören zum Farbschlag Rot, sie sind nur schwächer pigmentiert.

Das dominante Gen A^y verursacht auch extreme Fettleibigkeit. Gencode: A^yaB-C-D-P-
„Lady Chester" wurde zwar erstaunliche drei Jahre alt, plagte sich aber zeitlebens mit Kurzatmigkeit und Gelenkbeschwerden.

Allerdings tauchte bei einer Berliner Züchterin 1997 und nochmals 2001 ein weiteres, rezessives Allel für die Farbe Rot auf (ee). Solche Mäuse bleiben schlank. Sie erstellte eine Zuchtlinie gesunder, roter Mäuse. Gencode: aabbee, Rest variabel oder noch nicht erforscht.

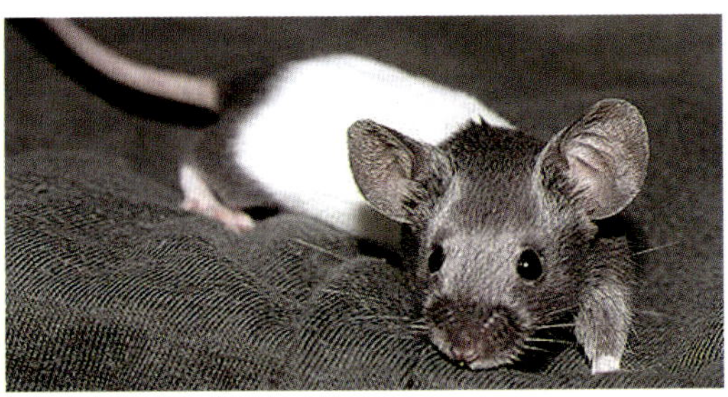

Blue Banded, dominante Scheckung.
Gencode: aaB-C-ddP-W^{sh}w

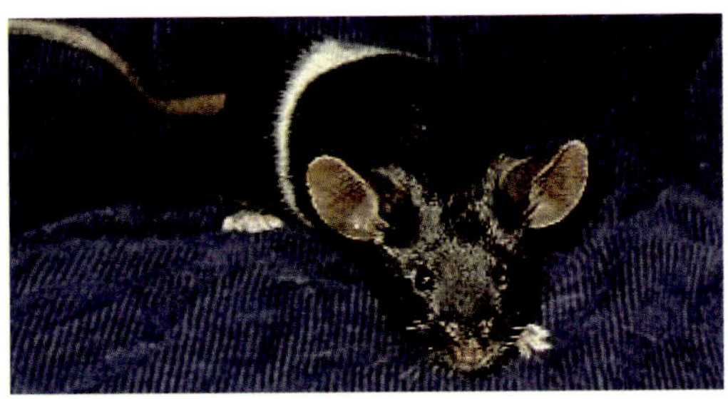

Black Banded. Die Schecken-Gene können mit jeder Farbe kombiniert werden. Gencode: aaB-C-D-P-W^{sh}w

Schecken (Fachsprache Zeichnungsmäuse)

Auch die Schecken-Gene vererben sich unabhängig von den Farb-Genen. Schecken haben weiße Flecken, Streifen oder Punkte auf farbigem Fell, und nicht etwa umgekehrt. Scheckenzucht erfordert viel Erfahrung, nicht alle dürfen miteinander gekreuzt werden. Es gibt sechs Varianten in der Rassezucht mit jeweils eigenen Genen. Sehr reizvoll ist die Zeichnung Banded. Hier verläuft ein breites weißes Band quer über Rücken und Bauch.

Haltung

Die wild lebenden Hausmäuse leben in einer Großfamilie, einem Rudel, aus mehreren Würfen zusammen und bewohnen gemeinsam ein Revier. Ein Männchen, und zwar nur das ranghöchste (Alphabock), deckt mehrere Weibchen, die gemeinsam die Jungen aufziehen.

Männchen oder Weibchen?

Männchen haben in der Regel längere Aktivitätsphasen, während die Weibchen sanfter sind. Ob Männchen wirklich immer munterer und verspielter sind, sei dahingestellt. Tatsache ist aber, dass sie viel unverträglicher sind. Es gibt mehrere Möglichkeiten, die Diskussion ist emotionsgeladen. Züchter/innen des DMRM e.V. geben unkastrierte Böcke in eine Liebhaberhaltung grundsätzlich nicht ab! Sie befürworten die Haltung und dann eben Zucht mit Weibchen oder die Vergesellschaftung mit Kastraten oder zwei Stachel- oder Vielzitzenmäusen, was in aller Regel friedlich verläuft. Der Platzbedarf ist aber bei artfremder Gesellschaft sehr groß, eine Volierenhaltung empfiehlt sich mit den Mindestmaßen 80 × 50 × 100 cm, besser 150 cm.

Die Vertreter/innen vom Verein proMaus e.V. sehen dagegen die Haltung von vier Brüdern, zweien unterschiedlichen Alters oder Vater mit Sohn als durchaus möglich an. Bei sehr dominanten Männchen raten sie zur Kastration. Sie führt dazu, dass die Böcke sich deutlich friedlicher verhalten und keine Duftmarken mehr setzen. Sonst verbreiten Männchen einen sehr viel strengeren Geruch als Weibchen, da sie ihr Revier durch Urinieren markieren.

Bevor ich für diese Vorschläge „ins Exil gehen muss", sei auf die hohen Kosten der Operation hingewiesen und ihr Risiko, das mit der Fähigkeit des Tierarztes zusammenhängt, die Narkosetiefe richtig einschätzen zu können. Andererseits ist bei vielen Böcken ein dauerhaftes Zusammenleben nicht möglich, in Einzelhaltung entwickeln sie jedoch – anders als sehr unverträgliche Mongolenweibchen – starke Verhaltensstörungen wie Selbstverletzung.

Ich persönlich würde daher eine Haltung mit Stachel- und Vielzitzenmäusen vorziehen, auch wenn es artfremde Tiere sind. Als eine meiner Mittagsmäuse starb, wäre die andere fast an Trauer gestorben. Da Mittagsmäuse sehr selten sind, blieb mir keine Wahl, als sie mit einer Ägyptischen Sundevall-Rennmaus zu vergesellschaften. Die beiden lebten völlig friedlich miteinander bis zum Alterstod der Mittagsmaus.

Gitterkäfig

Der Abstand der Gitterstäbe darf nicht größer als 5 mm sein! Es empfiehlt sich eine Höhe von einem halben Meter, da rangniedrigere Tiere bei Konflikten ums Futter o. Ä. häufig nach oben ausweichen. Wird eine Maus dauerhaft nach oben gejagt, muss sie herausgenommen werden. Für Farbmausmännchen ist vom Gitterkäfig abzuraten. Sie machen nämlich beim Setzen der Duftspuren zur Reviermarkierung mit ihrem Urin auch vor den Gitterstäben nicht halt. Dabei kann auch die Umgebung des Käfigs verunreinigt werden. Will man nicht täglich die Gitterstäbe reinigen, ist für die Männchen ein Terrarium sehr vorteilhaft, da

Vielzitzenmäuse leben mit Farbmäusen im Allgemeinen sehr friedlich zusammen.

es den Geruch zurückhält. Sehr wichtig ist auch der Schutz, den das Mäuseheim bietet. Hausmäuse leben bevorzugt dort, wo es eng und dunkel ist, besonders beliebt sind niedrige Zwischenböden oder -decken. Mindestgröße für zwei Tiere für Halter/innen: 80 × 40 × 50 cm (Länge × Tiefe × Höhe). Reinigung der Urinecken alle 2–3 Tage, Restkäfig abhängig von Besetzungszahl. Wichtig: Nicht alle Duftmarken auf einmal beseitigen! (vgl. S. 68 links).

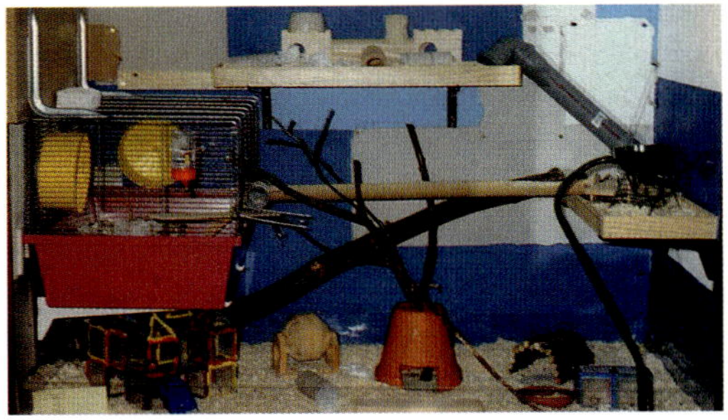

Eine phantasievoll eingerichtete Mäuseburg.

Einstreu

Farbmäuse sind sehr anfällig für Atemwegserkrankungen und reagieren äußerst empfindlich auf staubende Einstreu. Für sie eignen sich nur teurere entstaubte Kleintierstreu, Hanfstreu, Leinstreu, gehäckseltes Stroh, Stroh- oder Heupellets. Manche Halter/innen verwenden auch unter der Einstreu eine dünne Schicht feinkörniger, wenig staubender und nicht klumpender Katzenstreu zur besseren Geruchsbindung. Chinchilla- und Vogelsand ist für die starke Ausscheidung der Farbmäuse nicht saugfähig genug, zu viel davon schlägt außerdem auf die Atemwege. Empfohlene Einstreuhöhe: ca. 12 cm.

Mäuseburg

Neben den vorgestellten Unterbringungsarten gibt es für die Farbmaus noch eine weitere originelle Haltungsmöglichkeit: die Mäuseburg. Da Farbmäuse sich im Allgemeinen nicht trauen, aus größerer Höhe herunterzuspringen – Ausnahmen können sehr junge oder ängstliche Mäuse sein –, können sie auf einem Tisch gehalten werden, der mit etwas Phantasie und handwerklichem Geschick zur Mäuseburg wird. Dort können sie herrlich beobachtet werden und haben großartige Spielmöglichkeiten. Eine Umrandung aus Plexiglas oder Holzplatten verhindert ein Herunterfallen der Einstreu. Ohne störende Gitter oder Glasscheibe ist so ein direkter Zugriff auf die Mäuse möglich, wodurch man sich automatisch mehr mit ihnen beschäftigt. Dies wiederum danken sie mit größerer Zutraulichkeit. Im Baumarkt können Sie sich Holzplatten genau zusägen lassen. Aus mehreren Platten, abgestützt auf Ziegelsteine oder an einem Holzrahmen befestigt, entsteht ein mehrgeschossiger Bau. Die Etagen werden mit Leitern, Brücken oder Seilen verbunden, an denen die Mäuse geschickt emporklettern. Der Phantasie sind praktisch keine Grenzen gesetzt, die Mäuseburg mit allerlei Spielzeug weiter auszubauen.

INFOBOX

Tipps zum Bau einer Mäuseburg

- Die Tischplatte muss über die Tischbeine hinausragen, damit die Mäuse nicht daran herunterklettern können.
- Die Tischplatte muss mindestens 1 m vom Boden entfernt sein.
- Die Holzplatten sollten nach oben hin kleiner werden, um einen besseren Zugriff auf die Mäuse zu ermöglichen.
- Alle Verbindungen zwischen den Stockwerken rutschsicher anbringen (z. B. festschrauben).
- Hervorstehende Schraubenenden absägen und stumpf feilen.

Die afrikanische Vielstreifengrasmaus (Lemniscomys barbarus)

African is beautiful!

Die Vielstreifengrasmaus zählt zur Unterfamilie der Echten Mäuse (Murinae) und zur Gattung der Streifengrasmäuse. Diese bildhübschen Mäuse ähneln in ihrer Zeichnung kleinen Frischlingen. Regelmäßige Längsstreifen von ockergelber, dunkelbrauner und schwarzer Farbe verlaufen mit Ausnahme des Kopfes über den ganzen Körper. Die Augen sind von einem feinen, ockergelben Strich umgeben, der wie mit einem Kajalstift gezogen scheint und ihr hübsches Aussehen betont. Sie wird ca. 10–12 cm groß und wiegt etwa 55–60 g. Der Bauch ist weiß, der unbehaarte, braune Schwanz misst etwa 11–13 cm. Beschrieben wurde sie bereits 1766 von Linné. Die durchschnittliche Lebenserwartung beträgt 3–4 Jahre.

Eine der schönsten Zeichnungen der Mäusewelt bietet die afrikanische Vielstreifengrasmaus, die fast in ganz Afrika vorkommt.

Die Gattung der Streifengrasmaus Lemniscomys bildet zehn Arten (Quelle: Wilson & Reeder, Stand 2005). Manche unterscheiden sich sehr in ihrer Zeichnung von der Vielstreifengrasmaus wie die Einstreifengrasmaus (L. rosalia), die, wie ihr Name schon vermuten lässt, nur einen dunklen Strich auf dem Rücken hat. Einige sehen ihr recht ähnlich wie die Tüpfelgrasmaus (L. striatus), die ein perlenartiges Muster aus hellen Punkten besitzt, die auf etwas Distanz betrachtet wie Streifen wirken. Sie wird jedoch um einiges größer als L. barbarus.
Zur Verwirrung führt, dass im Handel die Vielstreifengrasmaus unter vielfältigen Namen angeboten wird wie Streifengrasmaus – obwohl das der Gattungsname ist – oder Zebramaus, obwohl es sich dabei um eine Unterart von ihr handelt (L. barbarus zebra). Manche Autoren sehen sie auch als eigenständige Art an, jedenfalls ist die Zebramaus etwas anderes als die Vielstreifengrasmaus. Zur vollständigen Verwirrung führt dann, dass teilweise ganz andere Arten als Vielstreifengrasmaus angeboten werden, die ihr nur ähnlich sehen.

Hinzu kommt noch, dass die vielen Unterarten von L. barbarus in völliger Unkenntnis munter miteinander gekreuzt werden und so Chaos entsteht wie bei kaum einer anderen Mäuseart. Denn derartige Kreuzungen können sich von der ursprünglichen Art stark unterscheiden. Solche Umstände könnten die unterschiedlichen Berichte über das Verhalten der Vielstreifengrasmaus erklären wie Fressvorlieben, Vermehrungsfreude und Zutraulichkeit. Will man hier keine Enttäuschung erleben, ist unbedingt der Kauf beim Züchter anzuraten.

Vorkommen

Streifengrasmäuse sind in ganz Afrika verbreitet. Die meisten Arten leben in Trockensteppen auf dem Boden und legen Gänge im Gras an. L. striatus bewohnt auch sumpfige Gegenden. Die Vielstreifengrasmaus kommt bis auf einige Länder in ganz Afrika vor. Die Tiere leben in großen Kolonien und sollten als Heimtiere mindestens zu zweit gehalten werden.

Die Vielstreifengrasmaus, mal scheu, mal völlig zahm. Wer hat recht?

Zutraulichkeit

In der eher spärlichen Literatur über die Vielstreifengrasmaus heißt es im Allgemeinen, sie sei sehr scheu.

Ich habe gegenteilige Erfahrungen gemacht. Meine Mäuse kommen sogar bei Fremden sofort auf die Hand geklettert, halten beim Streicheln still und schließen dabei oft noch genießerisch die Augen. Auch andere Halter/innen, die ich befragte, bestätigten meine Erfahrungen.

Der Grad der Zutraulichkeit hängt zum einen davon ab, ob auch wirklich die Art L. barbarus erworben wurde und nicht eine andere, noch gar nicht so lange in Heimtierhaltung lebende, deren Wildtierverhalten noch entsprechend stark ausgeprägt ist.

Natürlich ist auch die frühe Zähmung der Jungtiere entscheidend, was nicht immer gegeben ist, da manche diese interessanten Mäuse nur zur Beobachtung halten und ganz bewusst auf eine Zähmung verzichten, um das Wildtierhafte zu erhalten.

Besonderheiten

Die Tiere können ausgezeichnet klettern, sogar auf einem glatten Bambusrohr finden sie noch Halt. Gerne schlafen sie etwas erhöht und bauen sich Nester aus Heu. Ihr besonderer Reiz ist, dass sie im wechselnden Stundenrhythmus tag- und nachtaktiv sind. Sie sind sehr gesellig, greifen aber einen Reviereindringling sofort an. Die Fortpflanzung fällt in die Regenzeit, in Gefangenschaft gibt es die unterschiedlichsten Berichte von fruchtbarer, allmonatlicher Vermehrung bis nur einmal im Jahr oder sogar gar nicht. Einen Eigengeruch haben sie nicht, sie trinken und fressen jedoch sehr viel und ihre Ausscheidung hat einen scharfen Geruch. Auf lautere Geräusche reagieren sie sehr schreckhaft.

So stoben alle Mäuse, die ich hielt, beim eigentlich recht leisen Öffnen der Terrarientür panisch davon. Mithilfe von Sonnenblumenkernen lernten sie aber schnell, dass keine Gefahr droht, und kamen nach der ersten schreckhaften Flucht bald wieder hervor. Bemerkenswert ist, dass sie keinen Fluchtreflex wie andere Mäuse zeigen, wenn sie von oben gegriffen werden.

Ernährung

In freier Natur ernähren sie sich vorwiegend von Pflanzen, Samen und Früchten, gelegentlich auch Insekten. Basisfutter ist eine nicht zu fetthaltige Getreidemischung mit Sämereien und täglichem Frischfutter. Heu sollte auch zum Nestbau reichhaltig zur Verfügung stehen. In Heimtierhaltung weichen die Berichte bezüglich fleischlicher Nahrung stark voneinander ab. Manchmal werden Grillen und Mehlwürmer gerne angenommen, manchmal auch nur Hundekekse, Katzentrockenfutter oder getrocknete Bachflohkrebse. Um ein Stück Apfel oder anderes weiches Obst werden regelrechte Verfolgungsjagden veranstaltet.

Wenn auch des Öfteren im Handel als „Streifengrasmaus" angeboten, handelt es sich bei der Striemengrasmaus um eine ganz andere Gattung (Rhabdomys pumilio).

Die Vielstreifengrasmaus ist ein hervorragender Kletterer.

Haltung

Die Tiere sonnen sich in freier Natur gerne und benötigen eine Wärmelampe. Ein UV-Lichtanteil ist nicht nötig, eine ca. 25-W-Glühbirne genügt. Sie darf nur einen Teil des Terrariums bestrahlen, sodass Ausweichmöglichkeiten ins Kühle bleiben. Viele Kletteräste sind wichtig. Für einen Gitterkäfig spricht, dass er sich leiser als ein Terrarium öffnen lässt, sodass sich die Mäuse nicht erschrecken. Auch graben sie kaum in der Einstreu. Allerdings ist es bei diesen hübschen Tieren fast schon eine Tragik, wenn der Blick auf sie durch Gitterstäbe behindert wird. Als Einstreu eignen sich Kleintierstreu, Buchenholzgranulat und Vogelsand. Chinchillasand wird in der Regel nicht zum Sandbaden benutzt, aber zum Wühlen. Ein Laufrad wird gerne angenommen. Hoher Platzanspruch! Mindestgröße für zwei Tiere: 1 m Länge, 40 cm Tiefe und 50–60 cm Höhe. Reinigung einmal pro Woche.

Die Tüpfelgrasmaus ähnelt mit ihrem perlenartigen Muster aus hellen Punkten der Vielstreifengrasmaus.

Die Mittagsmaus (Meriones meridianes)

Leider noch eine Seltenheit ist die Mittagsmaus.

Zahm wie eine Ratte – nicht nur am Mittag!

Wer beim Namen Mittagsmaus an mehr schlechtes als rechtes Mensa- und Kantinenessen denkt, tut ihr Unrecht. Ebenso wer damit den blutigen Pistolenwestern „12 Uhr mittags" in Verbindung bringt, wird ihrem Wesen nicht gerecht. Denn die Mittagsmaus ist sehr friedlich und verträglich. Sowohl untereinander als auch gegenüber anderen Nagern, im Zweifelsfall ergreift sie lieber die Flucht. Aber auch wer an Mittagsschlaf oder Mittagspause denkt, hat sie verkannt. Denn die Mittagsmaus ist wie ihre mongolische Verwandte im abwechselnden 3–4-Stunden-Rhythmus aktiv mit mehrstündigen Schlafpausen dazwischen.
Von der Systematik eigentlich richtiger und ebenso gebräuchlich ist die deutsche Übersetzung Mittagsrennmaus. Ich bleibe beim Namen Mittagsmaus wegen seines größeren Charmes.

Vorkommen und Lebensweise

Die Mittagsmaus gehört zur Unterfamilie der Rennmäuse (Gerbillinae) und Gattung der Sandmäuse (Meriones). Beschrieben wurde sie 1773 von Pallas. Sie kommt am Fluss Don in China vor, in den Provinzen Xinjiang, Quinghai, Shanxi und Hebei; im Nord-Kaukasus, in der Mongolei, Teilen des Iran und Nordafghanistan. Als eine von ganz wenigen Merionesarten bewohnt sie sandige Wüstengebiete und Sanddünen. Ihr sandfarbenes Fell mit dem grauen Haaransatz bietet eine gute Tarnfarbe. Es ist, in Anpassung an den feinen Wüstensand, von sehr feiner und weicher Beschaffenheit. Die Tiere leben in Kolonien in selbst gegrabenen Höhlen in der Nähe von Sträuchern und halten keinen Winterschlaf. Die Fortpflanzungszeit ist von Mai bis Oktober, die durchschnittliche Wurfgröße liegt bei 5 bis 7 Jungen.

Aussehen

Die Mittagsmaus ist mit 14 cm Körperlänge größer als die Mongolische Rennmaus. Der Schwanz misst zusätzlich 12 cm und endet wie bei ihrer mongolischen Verwandten in einer Quaste. Der Bauch ist weiß, die Schwanzspitze wieder grau wie der Haaransatz. Mit 120 g Gewicht und einem kräftigen Körperbau, der etwas pummeliger ist als bei ihrer mongolischen Verwandten, ist die Mittagsmaus eine aparte Erscheinung. Die hübschen Knopfaugen, aus denen die Iris bei näherer Betrachtung bläulich leuchtet, verleihen ihr ein Aussehen, das niedlich und lustig zugleich wirkt. Die Schnauze verläuft sehr spitz, die langen

„Nadia" und „Stroganof".

Tasthaare sind fast unaufhörlich in Bewegung, was ihr liebenswertes Aussehen noch unterstreicht.

Besonderheiten

Nach meinen Erfahrungen können Mittagsmäuse sehr zahm werden, durchaus vergleichbar mit Ratten. Meine Tiere legten sich beim Streicheln flach in die Hand, auf die sie zuvor gekommen waren, und schlossen genussvoll die Augen. Insgesamt ist ihnen ein sehr ruhiges Wesen auch beim Auslauf eigen. Am Gitter nagten sie äußerst selten.

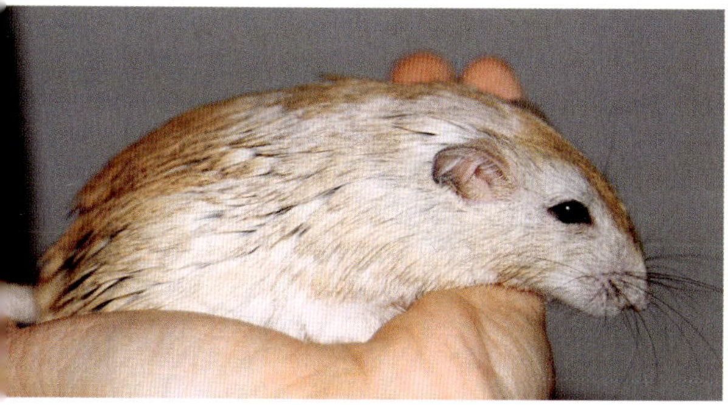

Diese zahme Mittagsmaus wurde mit nur einer Hand fotografiert! „Stroganof"

Für Kinder geeignet?

Mittagsmäuse sind zwar sehr ausgeglichen, allerdings auch geräuschempfindlich. Daher sind sie erst für ältere Kinder ab etwa 13 bis 14 Jahren geeignet, wenn diese reif genug sind, das Bedürfnis der Tiere nach Ruhe zu akzeptieren.

Haltung

Terrarium oder AQ, Mindestmaß 1 m × 40–50 cm Tiefe und Höhe für zwei Tiere. Ein Gitterkäfig empfiehlt sich nicht wegen des starken Wühltriebs. Die Tiere mögen es gern warm (Wärmelampe 20–40 W). Ein ruhiger Standort ist sehr wichtig. Chinchillasand ist bei ihrem feinen Fell ein absolutes Muss, sonst können Fellschäden die Folge sein. Als Einstreu ist Vogelsand ideal, da beim Wühlen darin überschüssiger Talg sehr gut entfernt wird. Kleintierstreu kann aber dazugegeben werden. Reinigung alle 14 Tage.

Chinchillasand ist für das feine Fell der Mittagsmaus besonders wichtig.

Ernährung

Grundsätzlich ist sie wie bei der Mongolischen Rennmaus, nur noch fettärmer. Eine zu fetthaltige Nahrung wirkt sich auf die Fellbeschaffenheit aus, das Fell verfettet und verklebt dann. Einen guten Ausgleich bewirkt nach meiner Erfahrung Hirse, zwar auch sehr energiehaltig, aber förderlich für Fell und Krallen durch den hohen Gehalt an Kieselsäure.

In freier Natur ernährt sich die Mittagsmaus von einer großen Zahl Pflanzen, Wurzeln, Samen, aber auch Insekten.

Die Ägyptische Sundevall-Rennmaus (Meriones crassus perpallidus)

Im Jahr 1995 wurde am Flughafen von Heathrow in England eine illegale Reptilienladung beschlagnahmt. In den Futterboxen für die Schlangen befand sich eine Rennmausart, die zunächst nicht identifiziert werden konnte. Die Tiere kamen in Quarantäne, wo sie sich sofort vermehrten; etwas ungewöhnlich für Wildfänge und für die recht engen Haltungsbedingungen. Sie wurden zunächst fälschlich als Meriones sacramenti bezeichnet und später richtigerweise von einem Londoner Zoo als Meriones crassus perpallidus identifiziert.
In England trägt sie noch die Namen Jerusalem Jird, seltener Thomas Jird und Swinhoe´s Jird; Silky Jird, seidige Rennmaus, was von ihrem feinen, weichen Fell herrührt, und Gentle Jird, freundliche Rennmaus. Englische Halter/innen und Züchter/innen und auch die wenigen Deutschen, die diese faszinierende Rennmausart halten, beschreiben sie übereinstimmend als sehr zahm. Denn leider nimmt die Sundevall-Rennmaus noch einen ziemlichen Außenseiterstatus ein und ist bisher nur überwiegend in Züchterkreisen in Deutschland bekannt. Beschrieben wurde sie 1842 von dem schwedischen Prof. Karl Jakob Sundevall.

Untereinander sind Sundevall-Rennmäuse sehr viel verträglicher als die Mongolen.

Systematik und Vorkommen

Die Sundevall-Rennmaus zählt zur Unterfamilie Gerbillinae und Gattung Meriones. Wenn sie auch hin und wieder irreführend unter dem Namen Pakistanische Rennmaus angeboten wird, bildet sie doch eine eigenständige Unterart zur Art Meriones crassus, für die es keine deutsche Bezeichnung gibt.

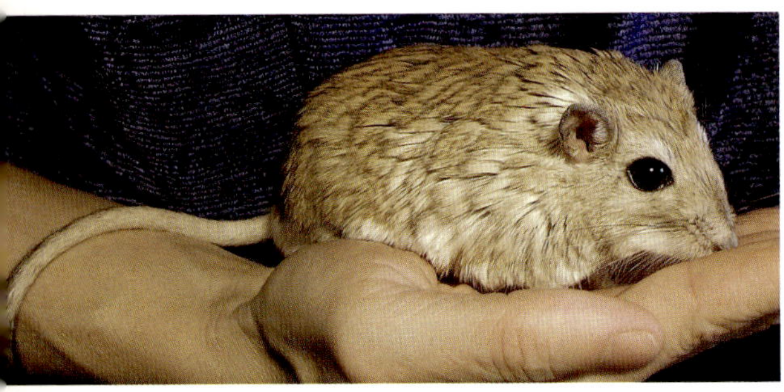

Die Sundevall-Rennmaus kann sehr zahm werden.

Die Pakistanische Rennmaus, M. crassus crassus, bewohnt felsige Gegenden in Pakistan, während die Ägyptische Sundevall-Rennmaus überwiegend in den sandigen Wüsten Ägyptens lebt. Das Hauptverbreitungsgebiet erstreckt sich von Marokko bis nach Ägypten über Sinai bis nach Pakistan. Sie lebt in mehrgängigen Höhlen von 1 bis 2 m Tiefe.
Sie wird etwas größer als die Pakistanische Rennmaus angegeben und in etwa so groß wie die Shaw-Rennmaus (S. 28 r.o.), wobei sich für alle sehr unterschiedliche Angaben finden, die wohl zuchtbedingt sind. In England und Holland wird sie häufig als „Shaw II"-Rennmaus vertrieben, obwohl sie eigentlich kaum mit dieser zu verwechseln ist wegen des Schwanzes, der bei der Shaw-Rennmaus sehr kurz ist und keine Quaste hat. Sehr viel schwieriger fällt die Unterscheidung zur Libyschen Rennmaus, deutlichstes Merkmal sind die dunklen bis schwarzen Krallen der Libyschen Rennmaus.

Aussehen

Das Rückenfell ist sandfarben, der Bauch weiß, der Übergang verläuft in einer klaren Trennlinie. Sie ähnelt sehr der Mittagsmaus, doch die Schnauze ist spitzer und etwas markanter, der Körper weniger pummelig und die Zehen der Hinterläufe sind größer. Auch die Augen sind größer, was auf ein rein nachtaktives Tier hinweist.

Die Größe als Heimtier beträgt 13–16 cm, das durchschnittliche Gewicht 80–120 g, der Schwanz ist 13–16 cm lang und endet in einer schwarzen Quaste.
Die durchschnittliche Lebenserwartung kann bei den wenigen Halterberichten noch nicht verbindlich angegeben werden, auszugehen ist aber von 4 bis 5 Jahren.

Besonderheiten

Diese Art ist nicht wechselaktiv, sondern im Normalfall nachtaktiv. Sie wird jedoch schon in den frühen Abendstunden wach. Englische Züchter geben die Aktivitätsphasen von 8 Uhr abends bis 8 Uhr morgens an. Vereinzelte Berichte gibt es, überwiegend von Zoofachhändlern, dass die Tiere gelegentlich bei menschlicher Nähe tagsüber wach werden. Das dürfte aber eher die Ausnahme sein und mit dem regen Betrieb zusammenhängen, der in einer Zoohandlung herrscht. Einig sind sich dagegen alle Berichte, was die Zahmheit der Sundevall-Rennmaus betrifft. Trotz ihrer Lebhaftigkeit lassen sich die Tiere gerne streicheln.
Sie sind sehr wendig und ausgezeichnete Kletterer, was meine Tiere immer wieder auf eindrucksvolle Weise demonstrierten. In einem Papprohr, das im Winkel von etwa 70 Grad aufgerichtet war, liefen sie mühelos bis zur Spitze. Das Rohr ist sehr breit, die Tiere hatten keine Möglichkeit, sich mit ihrem Körper dagegen zu stemmen. Kein Vergleich zur Mittagsmaus, die dagegen schon als schwerfällig bezeichnet werden kann.

Die Ägyptische Sundevall-Rennmaus bewohnt sandige Wüstengegenden.

Unterscheidungsmerkmal zur Shaw-Rennmaus ist der Schwanz, der in einer Quaste endet.

Zucht

Die Vermehrung in Heimtierhaltung ist sehr leicht und entspricht dem Verhalten der ersten Funde in England. Während die Mittagsmaus zur Vermehrung sehr viel Platz benötigt, paaren sich Sundevall-Rennmäuse Züchterberichten zufolge bereits in einem kleinen Becken, eigentlich zur Vergesellschaftung gedacht. Die durchschnittliche Wurfstärke beträgt 4–6 Junge.

Haltung

Ihr Fell ist genauso fein wie das der Mittagsmaus, auch sie benötigt ständig ein Sandbad und wird optimal ganz auf Sand gehalten. Wie die Mittagsmäuse liegen sie gerne unter einer Wärmelampe, was nicht weiter verwunderlich für Wüstenbewohner ist.
Terrarium oder AQ, Maße: 1 m x 40–50 cm Tiefe und Höhe.

Ernährung

Wie bei der Mittagsmaus eher fettarm. Die Tiere benötigen hingegen etwas mehr tierisches Eiweiß als die Mongolen.

Mutationen

Bisher wurde nur in England über eine Fellmutation berichtet, bei der einige Tiere einen weißen Fleck am Kopf aufwiesen. Bisher – denn auf Seite 61 finden Sie noch einen Bericht.

Die Mongolische Rennmaus (Meriones unguiculatus)

Durch ihr hübsches Aussehen, die relativ einfache Haltung und den hohen Grad an Zutraulichkeit, den die Mongolische Rennmaus erreichen kann, ist ihre Beliebtheit sprunghaft in die Höhe gestiegen. Seit sie in den 1970er-Jahren im Zoohandel erhältlich ist, läuft sie vielerorts an Popularität sogar dem Goldhamster den Rang ab.
Durch ihren regelmäßigen Wechsel von Aktivitäts- und Schlafphasen eignet sie sich auch weitaus mehr als ein Hamster für Kinder. Mit ihren großen Augen und dem weichen Fell, das den ganzen Körper, auch den Schwanz, bedeckt, bezeichnen sie viele als die schönste Maus. 1867 wurde sie von Milne-Edwards entdeckt. Sie bewohnt die Trockensteppen Zentralasiens.

Die Mongolische Rennmaus – der muntere Nager aus Fernost eroberte Deutschland im Sturm. „Zorro"

Aussehen

Die leicht hervorstehenden Knopfaugen sind bei der Naturfarbe und den meisten Zuchtfarben von einem hellen Kreis umgeben. Kopf und Schnauze verlaufen nicht so spitz wie bei den Farbmäusen, sondern rundlicher. Sie ähnelt damit unseren einheimischen Bilchen wie dem Siebenschläfer und gefällt somit auch vielen Leuten, die sonst Mäuse nicht sonderlich mögen. Besonders Kinder sind auf Anhieb begeistert von ihrem niedlichen Aussehen.

Die kräftigen Krallen weisen auf ein grabendes Tier.

Die mit langen Krallen versehenen Pfoten sind kräftig und lassen auf ein grabendes Tier schließen. Die großen Hinterpfoten ermöglichen ihr Sprünge bis zu einem halben Meter. Die Fußsohlen der Hinterläufe sind behaart, was ihr einen guten Schutz gegen den heißen Sand oder kalten Boden im Winter bietet. Ausgewachsen ist die Mongolische Rennmaus 10–12 cm groß, das ist sie aber erst mit 8 Monaten. Der Schwanz ist ca. 11 cm lang und endet in einer Quaste. Die Männchen sind nicht zwangsläufig größer als die Weibchen, aber kräftiger und muskulöser. Weibchen, die noch niemals Junge hatten, wiegen im Allgemeinen zwischen 72 und 80 g, nach einigen Geburten etwa 86–96 g. Die Männchen wiegen durchschnittlich 76–82 g, manches sehr kräftige Exemplar bringt es auch auf 86–92 g. Mit mehr als 100 g hat eine Rennmaus Übergewicht und braucht mehr Auslauf!

Farbschläge und Unterschiede zur Farbmaus

Ein deutscher Farb- und Zuchtstandard, lange gefordert, ist im Frühjahr 2007 vom DMRM e.V. fast fertig erstellt. Doch auch andere Vereine arbeiten daran wie der Rennmauszuchtverein e.V. oder IG Rennmaus – Verein für Rennmauszucht- und Tierschutz. So wird es wahrscheinlich nicht nur einen Standard für die Mongolische Rennmaus geben.

Die häufigsten Farben sind die Naturfarbe Agouti, Schwarz, Platin und Gold. Das Besondere der Fuchsfarben ist, dass sich die Jungtiere beim Übergang ins Erwachsenenalter umfärben. Echte Albinos sind wohl einmal aufgetreten, aber vermutlich wieder ausgestorben. Wie bei der Farbmaus gibt es von jedem Farbschlag Schecken, besondere Fellformen noch keine.

Es gibt vier Scheckentypen. Die Schwanzspitze ist immer weiß, die Krallen sind hell, Bauch und Pfoten sind oft ganz weiß oder teilweise. Beim Punktschecken finden sich ein oder mehrere kleine weiße Flecken an Kopf und Nacken. Beim Kragenschecken umschließt ein weißer Kragen die Schultern der Rennmaus, meist noch verbunden mit einer Blesse auf der Stirn. Starkschecken haben eine starke Scheckung, die bis zum Hinterleib verläuft. Noch stärker gescheckt sind Superschecken, hier überwiegt der Weiß-Anteil die Grundfarbe.

Bislang ist anders als bei der Farbmaus nur ein Schecken-Gen bekannt (Sp), vermutlich liegen aber modifizierende Gene vor, da sich die Form der Scheckung vererbt. Mit dem Schecken-Gen vererbt sich eine Anämie (= Blutarmut), doch in sehr leichter Form. Liegt es reinerbig vor (SpSp), ist die Anämie hingegen so schwer, dass das Tier nicht lebensfähig ist, sondern schon im Mutterleib abstirbt. Bei einer Schecken-Schecken-Verpaarung, wo zwei Sp-Gene aufeinandertreffen, stirbt also ein Teil der Jungtiere vorzeitig ab.

Kragenschecke

Wirkungsweise der Farbgene

Die Farbe der Rennmaus wird bestimmt durch zurzeit sieben bekannte Genpaare. Gene sind stoffliche Träger der Erbeigenschaften, ein Gen entspricht einem bestimmten Abschnitt auf der DNS (Desoxyribonukleinsäure) oder engl. DNA, der Grundsubstanz des Lebens. Die Gene liegen auf den Chromosomen, die u.a. DNA enthalten. Ein Gen-Locus (Genort) bezeichnet die Positition eines Gens auf einem Chromosom. Gene liegen in den Körperzellen immer doppelt vor (diploid), ein Gen stammt von der Mutter, eines vom Vater.

Dominante Gene* überdecken andere in ihrer Wirkung (von lat. domina = Herrin) bezüglich einer bestimmten Merkmalsausbildung, rezessive werden unterdrückt (lat. recedere = zurücktreten). Rezessive Gene müssen an einem Gen-Locus doppelt vorliegen (= reinerbig, homozygot), um sichtbar in Erscheinung zu treten. Sie zeigen sich dann im Phänotyp, dem äußeren Erscheinungsbild. Ansonsten vererben sie sich zwar weiter, sind aber nur im Genotyp enthalten, der gesamten

Bei der Wildfarbe sind alle Gene bis aufs Schecken-Gen dominant. Gencode: AACCDDEEGGPPspsp

* Streng wissenschaftlich müsste hier eigentlich statt Gen der Begriff Allel verwendet werden. Aus Platzgründen soll aber darauf verzichtet werden.

genetischen Information. Mischerbig (heterozygot) bedeutet, dass am gleichen Gen-Locus verschiedene Gene, also z. B. ein dominantes und ein rezessives, vorliegen. Dominante Gene kennzeichnet man durch Großbuchstaben, rezessive mit kleinen. Ein Strich bedeutet, dass es für die Merkmalsausbildung wie der Fellfarbe keine Rolle spielt, ob das Gen dominant oder rezessiv ist oder auch, dass die Gene einfach nicht bekannt sind.

Dominant-rezessiver Erbgang nach Mendel

Kreuzt man zwei reinerbige Tiere, die sich in einem Merkmal unterscheiden, das durch ein dominantes oder rezessives Gen bestimmt wird, so weisen die Nachkommen der 1. Generation (F_1-Generation) alle einheitlich das dominante Merkmal auf. Erst in der Folgegeneration (F_2) tritt das rezessive Gen auch im Phänotyp auf, weil es nun reinerbig vorliegt, und zwar im Verhältnis 1:3. Ein Beispiel: P steht für schwarze Augen, pp für rote. Eine schwarzäugige Maus wird mit einer rotäugigen gekreuzt:

Dilute-Agouti ist durch das rezessive dd-Gen aufgehellt, das Ticking ist vermindert. Gencode: A-CCddE-G-P-

Noch einmal Dilute-Agouti. Alle Gene stehen miteinander in Wechselwirkung, sodass auch ein rezessives Gen die Fellfarbe etwas beeinflussen kann.

PP × pp
Pp Pp Pp Pp

Die Tiere der F_1-Generation haben alle schwarze Augen. Das rezessive Gen für rote Augen wird überdeckt. Kreuzt man diese mischerbigen Tiere weiter, so haben drei Tiere der F_2-Generation schwarze Augen, eins hat durch zweimal p rote Augen.

Pp × Pp
PP Pp pP pp

Würde man gleich ein mischerbiges Tier mit schwarzen Augen mit einem reinerbigen rotäugigen kreuzen, so erhielte man:

Pp × pp
Pp pp Pp pp

zwei schwarzäugige Tiere, zwei rotäugige, Verhältnis 1:1. Auf diese Weise lässt sich durch gezielte Kreuzung herausfinden, welche Gene in einem Tier vorliegen.

Die Gen-Loci

Bei allen Säugern wird die Haut-, Haar- und Augenfarbe von zwei Pigmenten bestimmt. Phäomelanin ist für gelbe und rote Farbtöne verantwortlich, Eumelanin für schwarze und in geringerer Konzentration für braune oder graue (Alter).

A: Der Agouti-Locus leitet sich ab von der Wildfarbe, er kontrolliert den weißen Bauch und das Ticking (= Unterteilung des einzelnen Haares in drei Farbzonen, vgl. S. 34). Die Haarbasis ist dunkelgrau, die Haarmitte gelbbraun, die Haarspitzen sind schwarz. Tiere mit dem dominanten Gen haben das Ticking und einen weißen Bauch. Bei **aa** sind Bauch und Rücken von gleicher Farbe und jedes einzelne Haar ist einfarbig.

C: Der Albino-Locus kontrolliert die Gesamtmenge der Farbpigmente. Bei **CC** ist die Färbung normal stark ausgeprägt. **cc** wäre ein Albino ganz ohne Farbpigmente, den es aber nur bei Farbmäusen gibt. Die Gene c^{h} und c^{chm} bewirken eine starke Aufhellung auch der Augen. Als Ausnahme ist hier bedeutsam, wenn neben dem dominanten Gen c^{chm} oder c^{h} vorliegt: Die Tiere sind dann stärker aufgehellt.

D: Der Dilute-Locus kontrolliert die Farbtiefe (engl.; dilute = verdünnen). Das Dilute-Gen **dd** führt dazu, dass die Farbpigmente granulieren (= Körnchen bilden). Die Lichtbrechung ist verändert, die Farbe hellt auf. Das schwarze Pigment erscheint blau, das gelbe cremefarben.

E: Der Extension-Locus kontrolliert das Gleichgewicht zwischen schwarzen und gelben Farbpigmenten im Fell. **E-** bewirkt eine dunkelgraue Haarbasis entsprechend der Wildfarbe. **ee***, das Fuchs-Gen, vermindert das schwarze Pigment Eumelanin zugunsten des gelben. Die Haarbasis ist gelb-silbrig, wodurch die Farbe sehr intensiv wirkt. e^fe^f, das Schimmel-Gen, reduziert Eumelanin noch stärker, die Farbe verblasst mit zunehmendem Alter.

G: Der Grey-Locus kontrolliert die Stärke von schwarzen und gelben Pigmenten. **gg** unterdrückt die Bildung des gelben Pigments beinahe vollständig. Die mittlere, ursprünglich gelbe Farbzone wird zu Grau.

P: Der Pink-Eye-Locus kontrolliert die Augenfarbe und ob das Fell aufgehellt wird. **P-** bewirkt schwarze Augen, keine Aufhellung. pp vermindert sehr die Bildung des schwarzen Eumelanins, führt so zu roten Augen und aufgehellten Haarspitzen. Das Ticking verschwindet.

Sp-Locus: Der Spotting-Locus bestimmt die Scheckung. **Sp** verursacht eine Scheckung, **sp** keine. Als einzige Ausnahme ist hier das Gen, das von der Naturfarbe abweicht, dominant. Durch die Scheckung wird jeder Farbschlag auch etwas heller.

Gen-Loci der Farbmaus

Grundsätzlich entsprechen die Loci der Rennmaus A, C, D, P und Sp denen der Farbmaus, nur dass Letztere mit viel mehr Genen Allelen belegt sind. Der Brown-Locus B steht für Braunfärbung, das schwarze Eumelanin in der unteren Haarzone wird durch bb braun.

* Oft wird das Jahr 1998 als Entdeckung der e-Mutation angegeben. Petrij erhielt aber schon 1993 verschiedene ee-Tiere vom polnischen Zoo Poznan, angegeben als unbekannte Art. Tests ergaben, dass es sich um eine neue Mutation von M. unguiculatus handelte. Der Schwede Gabel analysierte 2004 das e-Gen.

Farbschläge mit einem rezessiven Genpaar

Superschecke

Starkschecke

Schwarz: **aa** bewirkt, dass das Tier einfarbig schwarz ist. Kleinere weiße Markierungen gelten nicht als Scheckung. Gencode: aaCCD-E-G-P-

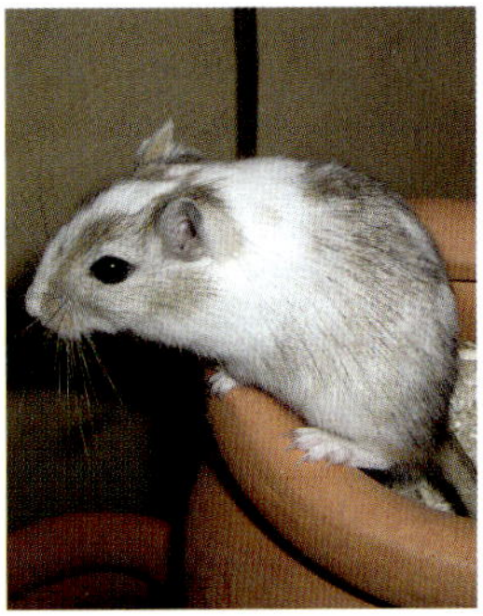

Starkschecke Agouti

Starkschecke, schwarz

Einige Gencodes ***

Agouti A- C- D- E- G- P-
Algierfuchs A- CC D- ee G- P-
Algierfuchs-Hell A- Cc[-] D- ee G- P-
Algierfuchsschimmel A- CC D- ee^f G- P-
Algierfuchsschimmel-Hell A- Cc[-] D- ee^f G- P-
Altweiß aa C- D- E- gg pp *
Anthrazit aa C- D- E- gg P-
Apricot A- CC D- ee gg pp
Apricot-Hell A- Cc[-] D- ee gg pp
Blau aa CC dd E- G- P-
Blau-Hell aa Cc[-] dd E- G- P-
Blaufuchs aa CC D- ee gg P-
Blaufuchs-Hell aa Cc[-] D- ee gg P-
Blaufuchsschimmel aa CC D- ee^f gg P-
Blaufuchsschimmel-Hell aa Cc[-] D- ee^f gg P-
CP-Agouti A- $c^{chm}c^{chm}$ D- E- G- P-
CP-Agouti-Hell A- $c^{chm}c^h$ D- E- G- P-
CP-Algierfuchs A- $c^{chm}c^{chm}$ D- ee G- P-
CP-Algierfuchs-Hell A- $c^{chm}c^h$ D- ee G- P-
CP-Apricot A- $c^{chm}c^{chm}$ D- ee gg pp *
CP-Blaufuchs aa $c^{chm}c^{chm}$ D- ee gg P-
CP-Blaufuchs-Hell aa $c^{chm}c^h$ D- ee gg P-
CP-Elfenbein A- $c^{chm}c^{chm}$ D- E- gg pp *
CP-Gold A-$c^{chm}c^{chm}$ D-E-G-pp *
CP-Goldfuchs A- $c^{chm}c^{chm}$ D- ee G- pp *
CP-Kohlfuchs aa $c^{chm}c^{chm}$ D- ee G- P-
CP-Kohlfuchs-Hell aa $c^{chm}c^h$ D- ee G- P-
CP-Polarfuchs A- $c^{chm}c^{chm}$ D- ee gg P-
CP-Polarfuchs-Hell A- $c^{chm}c^h$ D- ee gg P-
CP-Rotfuchs aa $c^{chm}c^{chm}$ D- ee G- pp *
CP-Schimmel -- c^{chm}c[-] D- e^fe^f G- P-
CP-Silberagouti A- $c^{chm}c^{chm}$ D- E- gg P-
CP-Silberagouti-Hell A- $c^{chm}c^h$ D- E- gg P-
C-Separator aa CC DD ee gg pp **
Dilute-Agouti A- C- dd E- G- P-
Dilute-Anthrazit aa C- dd E- gg P-
Dilute-Gold A-CCddE-G-pp
Dilute-Marder aa $c^{chm}c^{chm}$ dd E- G- P-
Dilute-Siamese aa $c^{chm}c^{ch}$ ddE-G-P-
Dilute-Silberagouti aa C- dd E- gg P-
Dilute-Zobel aa $c^{chm}c^{chm}$ dd E- gg P-
D-Separator aa c[-]c[-] DD ee gg pp *
Elfenbein aa CC D- E- gg pp
Elfenbein-Hell A- Cc[-] D- E- gg pp
E-Separator aa c[-]c[-] dd EE gg pp *
Gold A- CC D- E- GG pp
Gold-Hell A- Cc[-] D- E- G- pp
Goldfuchs A- CC D- ee G- pp
Goldfuchs-Hell A- Cc[-] D- ee G- pp
Goldfuchsschimmel A- CC D- ee^f G- pp

Schimmel. Der A-Locus spielt keine Rolle. Gencode: --CCD-e^fe^fG-P-

Goldfuchsschimmel-Hell A- Cc[-] D- ee^f G- pp
Hermelin (DTW) aa c^hc^h D- -- -- P-
Himalaya (DTW) A- c^hc^h D- E- -- P-
Kohlfuchs aa CC D- ee G- P-
Kohlfuchs-Hell aa Cc[-] D- ee G- P-
Kohlfuchsschimmel aa CC D- ee^f G- P-
Kohlfuchsschimmel-Hell aa Cc[-] D- ee^f G- P-
Marder aa $c^{chm}c^{chm}$ D- E- G- P-
Platin aa CC D- E- G- pp
Platin-Hell aa Cch D- E- G- pp
Polarfuchs A- CC D- ee gg P-
Polarfuchs-Hell A- Cc[-] D- ee gg P-
Polarfuchsschimmel A- CC D- ee^f gg P-
Polarfuchsschimmel-Hell A- Cc[-] D- ee^f gg P-
Rotaugen-Schimmel -- C- D- e^fe^f G- pp
Rotaugen-Silberschimmel -- C- D- ee^f gg pp *
Rotaugenweiß -- c[-]c[-] -- -- -- pp *
Rotfuchs aa CC D- ee G- pp
Rotfuchs-Hell aa Cc[-] D- ee G- pp
Rotfuchsschimmel aa CC D- ee^f G- pp
Rotfuchsschimmel-Hell aa Cc[-] D- ee^f G- pp
Saphir aa Cc^{chm} D- E- G- pp
Schimmel -- C- D- e^fe^f G- P-
Schwarz aa C- D- E- G- P-
Siamese aa $c^{chm}c^h$ D- E- G- P-
Silberagouti A- C- D- E- gg P-
Silberschimmel -- C- D- e^fe^f gg P-
Topas A- Cc^{chm} D- E- G- pp
Zobel aa $c^{chm}c^{chm}$ D- E- gg P-
Zobel-Hell aa $c^{chm}c^h$ D- E- gg P-

* Rotaugenweiß ist kein Farbschlag im eigentlichen Sinn, sondern bezeichnet rote Augen mit weißem Fell (alle mit *). Die Gene können aber sehr unterschiedlich sein. Der häufige Ausdruck Pink Eyed White (PEW) ist unpräzise. Rosafarbene Augen haben nur Tiere mit c[h]c[h], also Himalaya und Hermelin, und die heißen im Engl. Dark Tailed White (DTW).

** Die Benennung ist irreführend. Beim Separator sind alle Gene rezessiv bis auf den namensgebenden Locus.

*** Ob sie alle anerkannte Farbschläge werden, wird sich weisen.

Häufige Farbe Gold: pp bewirkt bei Fell und Augen eine starke Aufhellung. Gencode: A-CCD-E-G-pp

Silberagouti: Die mittlere Farbzone färbt sich durch gg grau. Dunkelgraue Haarbasis, schwarze Haarspitzen und weißer Bauch wie bei der Naturfarbe. Rechts Agouti. Gencode: A-CCD-E-ggP-

Algierfuchs: Die Haarbasis wird durch ee zu einem warmen Gelbton. Als Jungtier sandgelb, erst später bilden sich schwarze Haarspitzen. Gencode: A-CCD-eeG-P-

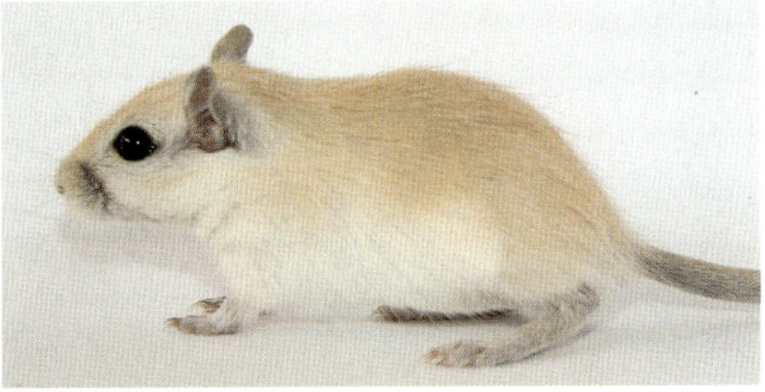

Junger Algierfuchsschimmel, durch e^f aufgehellt. Gencode: A-CCD-ee^fG-P-

Älterer Algierfuchsschimmel. Fuchsschimmel verblassen mit zunehmendem Alter immer mehr.

Algierfuchsschecke: Hier ist die Grundfarbe nur noch zu erahnen, da das Schecken-Gen mit dem Fuchs-Gen eine starke Wechselwirkung eingeht. Gencode: A-CCD-eeG-P-Spsp

Colourpointfarben im Vergleich

Es wirken bei den Colourpointfarben von Rennmaus und Farbmaus ganz verschiedene Gene, wenn auch das Himalaya-Gen c^h gleichnamig ist. Bei beiden Tierarten bewirkt es eine Aufhellung des Fells und der Augenpigmente. Die Augenfarbe der Tiere ist durch die starke Aufhellung rubinrot, obwohl der Genlocus das dominante Gen P- aufweist, was sonst zu schwarzen Augen führt. Bei der Farbmaus färbt das c^h-Gen noch die Points dunkel, also Ohren, Nase, Pfoten und Schwanz (vgl. S. 35), bei der Mongolischen Rennmaus nur den Schwanz. Außerdem wirkt es bei der Rennmaus stärker aufhellend. Bei ihr ergibt c^hc^h schon den Himalaya oder den ähnlichen Hermelin, bei der Farbmaus führt c^hc^h zum Farbschlag Siamese. Um bei der Farbmaus den Himalayan zu erhalten, wird zusätzlich das Albino-Gen c benötigt (c^hc). Bei der Rennmaus gibt es ein zweites Gen, das aufhellt, das Gen c^{chm} (chinchilla medium). Es wirkt schwächer als das Himalaya-Gen, verursacht aber die Points.

Marder: Wie bei den Colourpoint-Farben der Farbmaus ist das Fell aufgehellt, die Points färben sich dunkel. Ohne c^{chm} wäre die Maus schwarz. Gencode: $aac^{chm}c^{chm}$D-E-G-P-

Siamese oder Marder-Hell: Hier ist ein c^{chm}-Gen ersetzt durch das Himalaya-Gen, das stärker aufhellt. Gencode: $aac^{chm}c^h$D-E-G-P-

Zobel unterscheidet sich nur durch gg vom Marder, er ist grauer und etwas dunkler. Hier ein Dark Patch, der nur bei Schecken vorkommt und einen dunklen Fleck im Fell hat. Genetisch noch unerforscht. Gencode: $aac^{chm}c^{chm}$D-E-ggP-Spsp

Beide zusammen ergeben die hellere Variante Siamese ($c^{chm}c^h$). Reinerbig entsteht der Marder, früher Burmese genannt.

Wenn auch vom Namen sehr ähnlich, verursacht das Chinchilla-Gen der Farbmaus c^{ch} keine Points, sondern hellt nur auf. Es wirkt schwächer aufhellend als das Himalaya-Gen und das c^{chm}-Gen der Rennmaus. Zusammen mit c^h führt es zum Burmesen, einem sehr dunklen Tier mit Points. Und noch ein 3. Gen bei der Farbmaus, c^e, hellt auf, ohne Points zu bilden. Es liegt in der Wirkungskraft zwischen dem Himalaya- und dem Chinchilla-Gen.

Alle hier gezeigten Farben gehen auf den Farbschlag Schwarz zurück mit Ausnahme des Rennmaus-Himalaya, der auch von der Wildfarbe abgeleitet sein kann. Dies veranschaulicht eindrücklich die Aufhellungskraft der Gene.

Zobel-Hell ist oft kaum vom Marder zu unterscheiden. Unterscheidungsmerkmal: Die Hinterpfoten sind hell. Gencode: $aac^{chm}c^h$D-E-ggP-

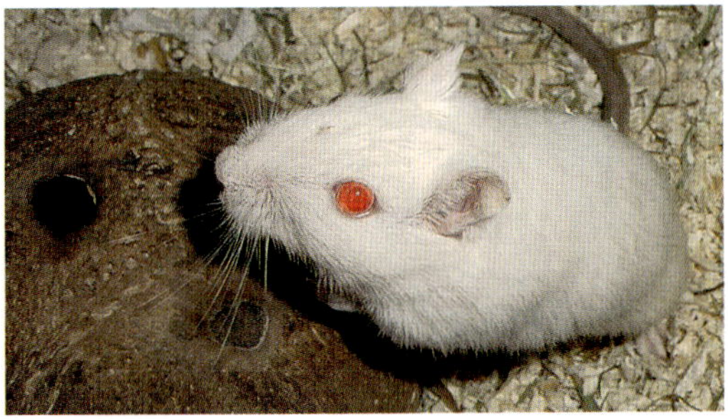

Hermelin: Der Schwanz färbt sich mit 3 bis 4 Monaten um und wird dunkelbraun, beim Himalaya mit ½ Jahr und wird hellgrau. Gencode: aac^hc^hD-----P-. Gencode Himalaya: A-c^hc^hD-E---P

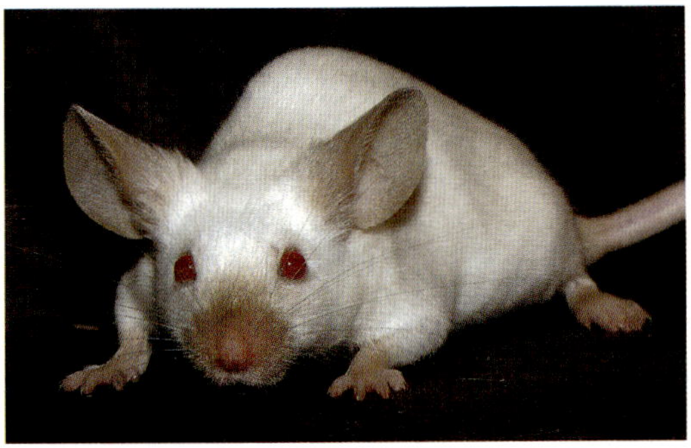

Das Himalaya-Gen c^h alleine erzielt bei der Farbmaus noch keinen Himalayan. Hinzukommen muss das stärker aufhellende Albino-Gen. Gencode: aaB-c^hcD-P-

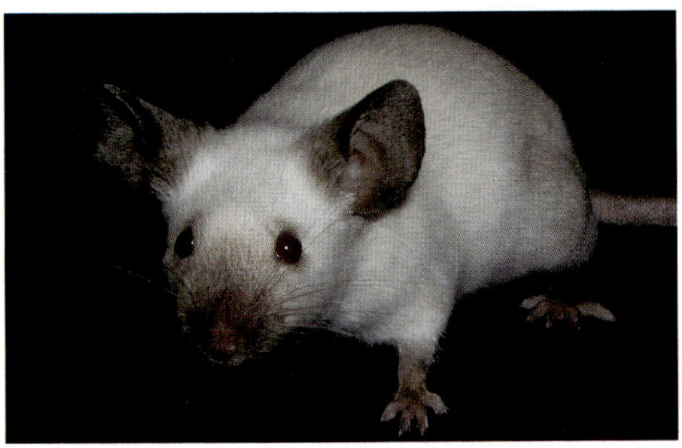

C^hc^h ergibt bei der Farbmaus den Siamesen (Laienname Siammaus, Fachname Siamese Seal Point red eyes, Abk. SSP re). Gencode: aaB-c^hc^hD-P-

Auch ein Siamese, das Gen c^e kommt hinzu. Schwächer aufhellend als das Gen c^h und stärker als c^{ch} entsteht eine Zwischenfarbe: (SSP black eyed). Gencode: aaB-c^ec^hD-P-

Das Chinchilla-Gen c^{ch} führt mit c^h zum Burmesen. Er ist deutlich dunkler als der Rennmausmarder, da das Gen schwächer aufhellt als c^{chm}. Gencode: aaB-$c^{ch}c^hD$-P-

Farbschläge mit zwei rezessiven Genpaaren

Platin-Punktschecke: Mit aa und P- wäre sie schwarz, durch pp wird das schwarze Eumelanin stark aufgehellt. Einheitlich hellgraues Fell, rubinrote Augen. Gencode: aaCCD-E-G-ppSpsp

Anthrazit vereinigt die Merkmale der Farbe Schwarz und Wirkung des g-Gens in sich. Einheitlich schieferfarben, mattglänzend. Gencode: aaC-D-E-ggP-

Kohlfuchs (l.) und Blaufuchs (r.)

Kohlfuchs beim Umfärben

Kohlfuchs wäre durch aa ganz schwarz, durch ee wird die Haarbasis gelb. Ab der Mitte dunkles Haar, doch erst bei älteren Tieren. Gencode: aaCCD-eeG-P-

Polarfuchs: wie alle Füchse gelbe Haarbasis durch ee. Durch gg starke Aufhellung. Gencode: A-CCD-eeggP-

Der Goldfuchs unterscheidet sich von Gold durch eine intensivere Färbung. Die Haarbasis ist durch ee gelb-orange, bei Gold grau. Gencode: A-CCD-eeG-pp.

Elfenbein: gg mindert gelbes Pigment sehr, pp schwarzes, wodurch die Farbe wieder gelblicher wird. Gencode: A-CCD-E-ggpp

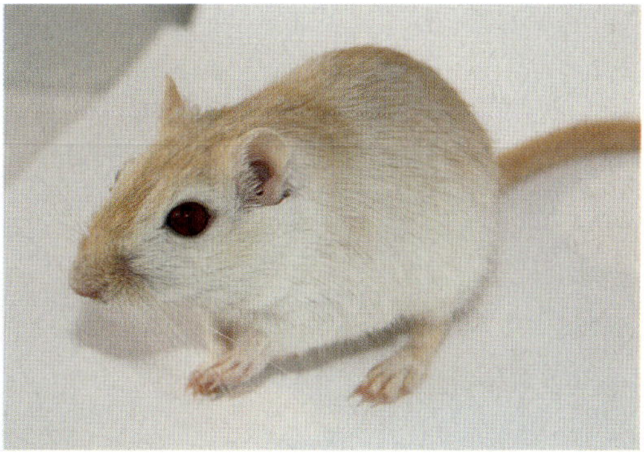

Goldfuchsschimmel. Gencode: A-CCD-ee^{f}G-pp.

Einige Dilute- und Colourpoint-Farben

1997 tauchte an der Osnabrücker Universität ein Gen auf, von der Fachwelt lange erwartet, da es schon bei anderen Tierarten bekannt war. Es führt zur Aufhellung der Farbe (vgl. S. 51). Im Gegensatz zur Farbmaus, wo die Colourpointfarben nur bei drei Farben auftreten, sind sie bei der Rennmaus mittlerweile bei fast allen Farbschlägen vertreten. Dies sowohl reinerbig mit $c^{chm}c^{chm}$ als auch in der helleren Variante, wo das c^{h} ein c^{chm}-Gen ersetzt, als auch zusammen mit dem dominanten C-Gen. Hier macht es noch einen Unterschied, ob neben C- das schwächer aufhellende, dafür Points bildende c^{chm}-Gen vertreten ist oder c^{h}. Zusammen mit dem Dilute-Gen trug dies zwar zu größerer Farbenvielfalt bei, doch viele Farben sind nur schwer voneinander zu unterscheiden, manche ohne Kenntnis der Gene gar nicht mehr.

Blau: Häufigste Dilute-Farbe. Schwarz wird durch dd zu Blau. Gencode: aaCCddE-G-P-

Beim Dilute-Marder ist das Fell zusätzlich durch dd aufgehellt. Gencode: aac^{chm}c^{chm}ddE-G-P-.

Blau-Kragenschecke: Durch die Scheckung aufgehellt. Gencode: aaCCddE-G-P-Spsp

CP-Silberagouti. Durch das c^{chm}-Gen stark aufgehellt. Gencode: A-c^{chm}c^{chm}D-E-ggP-

CP-Polarfuchs: Gencode: A-cc^{chm}cc^{chm}D-eeggP-

CP-Silberagouti hell gescheckt. Durch das Schecken-Gen, durch c^{chm}c^{h} und ein Fuchs-Gen noch stärker aufgehellt. Gencode: Aac^{chm}c^{h}EeggP-Spsp

Wildfangmongole-Nachzucht (l.) und CP-Agouti. Gencode: A-$c^{chm}c^{chm}$D-E-G-P-

Zuchtschäden bei der Rennmaus

Im Frühjahr 2001 machte ich in einem befreundeten Rennmausforum Werbung für meine neue Homepage und schrieb dazu, dass ich keine Farbenzucht betreiben würde, weil diese auf lange Sicht das Immunsystem schädigen würde. Mein Zuchtmerkmal sei Zutraulichkeit und Verträglichkeit der Tiere untereinander.

Daraufhin wurde ich von einigen Rennmausfarbenzüchtern sehr angegriffen. Zutraulichkeit wäre kein Zuchtmerkmal, Eigenschaften würden sich nicht vererben und die durchschnittliche Lebenserwartung sei mit 4-5 Jahren viel zu hoch.

Ich widersprach, dass nur in einem Ausnahmefall eines meiner Tiere schon mit drei Jahren gestorben war, woraufhin ich sofort die ganze Zuchtlinie aufgelöst hatte. Der Streit zog sich über mehrere Wochen hin, bis schließlich eine andere Rennmauszüchterin eingriff und schrieb, sie betreibe zwar auch Farbenzucht, aber Langzeitfolgen seien wirklich noch nicht absehbar.

Im Jahr 2007 liegen bei der Mongolischen Rennmaus Erbschäden in erschreckendem Ausmaß vor. Neben Knickschwänzen, zusammengewachsenen Zehen und fehlenden Gliedmaßen, fehlenden Augen, Taubheit und einer gestiegenen Neigung zu Epilepsie zeigt sich auch ein deutlich aggressiveres Verhalten untereinander. So häufen sich Berichte von grundlos und völlig überraschend totgebissenen Mäusen und von Tieren, die sich gar nicht mehr eingliedern lassen. Stellt sich die Frage nach den Ursachen.

Die in den letzten Jahren verstärkt aufgetretene Taubheit besonders bei Superschecken deutet möglicherweise auf das Waardenburg-Syndrom, das bisher aber nur beim Menschen umfangreich erforscht ist. Das ist ein Sammelbegriff für mehrere Erbkrankheiten, die beim Menschen Schwerhörigkeit und Pigmentstörungen verursacht, meist nur an der Iris, beim Waardenburg-Syndrom Typ IV aber auch an Haut und Haaren. Letzteres vererbt sich autosomal-rezessiv, die anderen drei unregelmäßig autosomal-dominant (autosomal = an die Körperzellen gebunden).

Bei sehr hellen Frettchen oder Frettchen mit hohem Weiß-Anteil, bei weißen Dalmatinern und Boxern wurde ebenfalls das Taubheit verursachende Waardenburg-Syndrom beobachtet und bei weißen blauäugigen Katzen, sofern die blaue Farbe durch das dominante W-Gen verursacht wird. Bis ins Letzte erforscht ist es aber noch nicht.
Da sich das Syndrom unregelmäßig dominant vererbt, können auch weiße Katzen mit blauen Augen vorkommen, die normal hörend sind und wiederum weiße Katzen ohne blaue Augen, die taub sind. Normal hörende dominant weiße und blauäugige Katzen können taube Junge hervorbringen, was darauf hinweist, dass der Erbgang nicht einfach nachzuvollziehen ist.
Die Ausprägung der Taubheit wird wahrscheinlich von mehreren Genen bestimmt (Shelton, 2001). Auch Heid et al. (1998) verweisen auf frühere Untersuchungen, denen zufolge davon auszugehen ist, dass es nicht ein einzelnes verantwortliches Gen geben kann. Da die Superschecken der Mongolischen Rennmaus neben häufig auftretender Taubheit auch oft gesundheitliche Schäden haben, wäre es interessant der Frage nachzugehen, ob hier gegebenenfalls ein ähnliches Syndrom wie das bei Katzen beschriebene Waardenburg-Syndrom auftreten kann.
Ein heftig umstrittener Punkt betrifft das Dilute-Gen. Während die einen kranke oder schwächliche Dilute-Tiere und eine verkürzte Lebenserwartung nur auf eine zu schnelle, planlose Vermehrung und Zuchtfehler zurückführen, bedingt durch die schnell angestiegene Popularität der Tiere (Michal Trinkler, Rodentia Nr. 31, 2006), sehen andere die Ursache möglicherweise im Dilute-Gen selber.
Das Dilute-Gen wird in der wissenschaftlichen Literatur als Myosin-5a bezeichnet (abgekürzt Myo 5a) und ist eine Mutation des Eiweißes Myosin 5. Dieses Eiweiß ist neben dem Pigmenttransport an vielen zellulären Prozessen im Körper beteiligt. Dies rechtfertigt zumindest die Vermutung, dass die Dilutemutation viel weiterreichende Folgen hat als nur eine Hemmung des Pigmenttransports.
In England beobachteten Züchter, dass die ersten blauen Rennmäuse kleinwüchsiger waren, zu Epilepsie neigten und unfruchtbarer zu sein schienen. Viele Paare vermehrten sich gar nicht, die Mütter starben oft bei der Geburt. Die Lebenserwartung der ersten dd-Tiere war stark verkürzt, manche starben unter einem Jahr! Dies führten einige auf zu viel Inzucht zurück, da an der Universität Osnabrück, woher die Mutation stammt, die Tiere zur Erforschung der Epilepsie weitergezüchtet wurden.
Michal Trinkler betont hingegen, dass der Genpool der Dilute-Tiere in Osnabrück erweitert wurde, indem blutsfremde Tiere eingekreuzt wurden. Auch seien vorhandene Schäden wie Wehenschwächen durch gezielte Zucht der Gerbil Genetics Group (GGG) ausgemerzt worden, bevor die GGG die Tiere 2002 in Holland erstmalig zum Verkauf anbot.
Eddie Cope von der Gerbil Shows UK bestreitet dagegen, dass das vollständig möglich ist und sieht den Hauptgrund im Dilute-Gen selber, sind doch Genschäden auch bei anderen Tierarten bekannt.
Bei der Farbmaus existieren verschiedene d-Gene, die unterschiedlich schwere Auswirkungen haben. d[S] und d[15] verursachen neurologische Störungen und Verhaltensauffälligkeiten wie Schwanken, Balanceverlust; dl (dilute lethal) führt homozygot zum Tod. Auch bei Dilute-Ratten gibt es teils sehr drastische Schäden.
Beim Menschen verursacht das Myo5a-Gen das Griscelli-Syndrom Typ I, das neben starker Haut- und Haaraufhellung mit neurologischen Defekten einhergeht, jedoch keinen immunologischen.
Immerhin gelang es einigen Züchter/innen wie Elisabeth Wolfmayr aus Österreich, gesunde und gut entwickelte Dilute-Tiere heranzuziehen, die ein Durchschnittsalter von 3 bis 3 $^1/_2$ Jahren erreichten. Vollständige Klarheit bringen kann hier nur eine Gen-Analyse, und die wird es wohl aus finanziellen Gründen nicht so schnell geben.
Eine Ursache für die stark verkürzte Lebenserwartung der Mongolischen Rennmaus, die einstmals 7–8 Jahre betrug, ist ohne Frage eine amateurhaft betriebene und auf schnelle Vermehrung setzende „Möchtegern-Zucht". Lange schon vermutete ich, dass Erbschäden begünstigt werden, zwingt man das Muttertier zu mehreren Geburten hintereinander ohne Zuchtpause. Eine 12-jährige dänische Studie ergab nun – wenn

auch vorerst nur beim Menschen –, dass Stress in der Schwangerschaft Missbildungen bei Neugeborenen begünstigt! Übertragen auf die Rennmaus zwar eine Theorie, aber denkbar.
Die oft gehörte Erklärung vom verminderten Genpool der Rennmaus erscheint mir hingegen zu dünn. Die Mongolische Rennmaus stammt als Heimtier immerhin von 20 Zuchtpaaren ab, dazwischen gab es Wildfänge. Der Goldhamster mit vielen Millionen Exemplaren weltweit geht auf ein einziges Zuchtpaar zurück und weist nicht annähernd so viele Erbschäden auf. Dies, obwohl laut Prof. Gattermann, der 1999 Wildfänge importierte, das Genmaterial des domestizierten Goldhamsters nur noch 30% von der Wildform beträgt.

Fellmutation bei einer Sundevall-Rennmaus

Im November 2005 kam bei mir eine Sundevall-Rennmaus zur Welt, die zuerst einige Wochen ganz nackt blieb und später dauerhaft lockiges Fell entwickelte. Ich deutete es als Rexmutation. Typisch dafür weist die Maus gekräuselte Tasthaare auf. Das Hauptfell ist nicht dünner, allerdings hat die Maus auch nach einem Jahr nur 2/3 der Größe eines erwachsenen Tieres erreicht. Aus diesem Umstand und Gründen, wie schon im Kapitel der Farbmaus besprochen, werde ich mit der Maus nicht weiterzüchten, finde es aber berichtenswert. Vom Verhalten ist der kleine Suni völlig unauffällig und, da früh gezähmt, außerordentlich zahm.

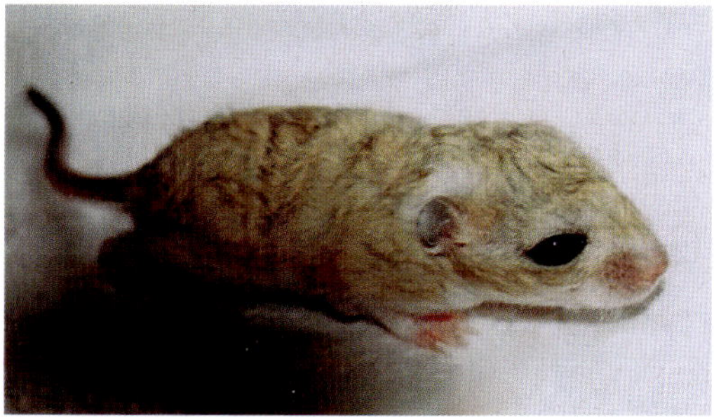

November 2005 kam bei mir diese Sundevall-Rennmaus mit Lockenwuchs zur Welt, offenbar eine Rexmutation.

Wegen der gekrümmten Tasthaare sprechen Kritiker/innen der Rexmutation von einer Beeinträchtigung des Orientierungssinnes.

Meines Wissens und nach Auskunft von Fachleuten ist auch im Ausland noch keine Fellmutation bei irgendeiner Rennmausart bekannt außer bei drei haarlosen Mongolen in England (1980 von Swanson beschrieben), die jedoch wieder ausstarben.
Kurz sei noch bemerkt, dass die Sundevall-Rennmaus (Meriones crassus perpallidus) einen ähnlichen Zahmheitsgrad wie die Mittagsmaus erreichen kann und sich auch gerne das Streicheln gefallen lässt.

Zwar sehr zahm, aber im Wuchs ist „Suni" etwas zurückgeblieben.

Natürliche Lebensweise

Die Mongolische Rennmaus ist sehr gesellig und lebt in freier Natur im Familienverband. Die Eltern, die im Allgemeinen eine lebenslange Ehe eingehen, bilden mit ihren Kindern aus meist zwei Würfen eine großköpfige Familie. Sie zeugen solange Nachwuchs, bis das Revier ausreichend bevölkert ist, dann stellen sie die Vermehrung von selber ein. Den Winter verbringen Rennmäuse im Bau und leben von den Futtervorräten, die sie gesammelt haben. Sobald es draußen wärmer wird, verlassen die älteren Jungtiere den elterlichen Bau, um eine eigene Familie zu gründen. In freier Natur wird eine Rennmaus meist nicht sehr alt, da sie einem ihrer Fressfeinde zum Opfer fällt.

Nur die ranghöchste weibliche Rennmaus pflanzt sich mit dem ranghöchsten Männchen fort. Dieser Umstand erklärt das aggressive Verhalten der Rennmäuse bei Kämpfen um die Rangordnung. Ausnahmen können in Heimtierhaltung durchaus auftreten, wo dann auch rangniedrigere Weibchen gedeckt werden. Die Rennmaus ist zudem ein äußerst aggressiver Revierverteidiger. 5–6 Wochen alte Jungtiere lassen sich in aller Regel gut eingliedern, bei älteren ist es aufwendig. Dennoch gibt es hier keine allgemeingültige Regel, manchmal ist auch ein älteres Tier schon nach einem Tag integriert. Und selten zwar, aber durchaus möglich ist es, dass auch Jungtiere angegriffen werden. Hier ist die Gefahr hoch, dass sie als Folge an einem Schock sterben, selbst wenn die Verletzung geringfügig ist.

Angriffslustig wie Dschinghis Khan – die Mongolische Rennmaus ist ein großer Revierverteidiger. Kohlfuchs beim Umfärben. „Kitsune"

In freier Natur leben Rennmäuse meist in einer lebenslangen Ehe und gründen einen großen Familienverband.

Männchen oder Weibchen?

Die Geruchsbildung ist bei beiden Geschlechtern gleich gering. Im Allgemeinen sind die Männchen verträglicher, dennoch sollte die Gruppe nicht zu groß sein. Etwa 4–5 Tiere können gut in einem Terrarium von 1 m Länge untergebracht sein. Unabhängig vom Geschlecht ist eine Zweier-Gruppe am stabilsten, da sich eine Rennmaus der anderen unterordnet. Bei den Weibchen ist erfahrungsgemäß eine größere Gruppe nur dann dauerhaft friedlich, wenn die Tiere zusammen aufgewachsen sind. Charakteristisch ist, dass sich anfängliche Streitereien zeitweilig beruhigen können, um dann erneut auszubrechen. Dass eine Dreier-Gruppe von vornherein spannungsanfällig sein soll, kann ich nicht bestätigen. Ein häufiger Konfliktgrund ist nach meiner Erfahrung, wenn eine Rennmaus in ihrem Dominanzstreben gegenüber den anderen stark hervorsticht. Dieses Verhalten zeigt sie aber unabhängig von der Gruppengröße.

Haltung

Es entspricht dem natürlichen Verhalten der Rennmaus, dass sie auch in menschlicher Obhut viel gräbt. In freier Natur lebt sie in selbst gegrabenen Gängen und bildet in fleißiger Arbeit ein weitverzweigtes Röhrensystem. Die verschiedenen Höhlen ordnet sie jeweils bestimmten Lebensbereichen zu. So ist ein Bereich zum Fressen, ein anderer zum Schlafen. Auch im Terrarium kann man dieses Verhalten beobachten: Die Rennmaus trägt ihr Futter an eine bestimmte Stelle, bevor sie es frisst.

Foto: Cynomys Chr. Ehrlich

Unterteilter Lebensraum: Räume schaffen

Auch wenn ein Käfig noch so groß ist und viel Spielzeug enthält, wirklich artgerecht ist er nur, wenn er auch verschiedene Ebenen enthält. Dies lässt sich recht einfach mit Brettern oder Steinaufbauten bewerkstelligen. Flache Schiefersteine aus dem Zoohandel oder Kacheln, auf viereckige Steine gelegt, schaffen zusätzliche Laufflächen und die Rennmäuse wetzen beim Darüberlaufen ihre Krallen ab. Zur Sicherheit kann man die Steinaufbauten mit Silikon verkleben, sie müssen aber mindestens 24 Stunden gut austrocknen.

Auch ein quer gestelltes Brett, in das unten eine kleine Öffnung gesägt wurde, schafft als Trennwand eine räumliche Unterteilung, und die Mäuse lieben es, durch das kleine Loch hindurchzuschlüpfen. Sogar eine Pappwand „überlebte" oft länger, als ich ursprünglich vermutet hatte. Weiter eignen sich Ziegelsteine oder große Kieselsteine zur Raumabtrennung und werden gerne als Aussichtspunkt genutzt. Sie müssen fest auf dem Boden liegen, ohne untergraben werden zu können.

Ein artgerechtes Terrarium für Rennmäuse enthält mehrere Ebenen. Die Einstreu wurde zum besseren Zeigen verringert.

Art der Unterbringung

Bei der Rennmaus ist von einem Gitterkäfig abzuraten, da sie sehr viel gräbt und wühlt. Dadurch ist die Einstreu schon zum Herausfliegen vorprogrammiert. Eine Pappummantelung schafft zwar etwas Abhilfe, schränkt aber auch den Blick auf die Tiere enorm ein. Wem es nichts ausmacht, regelmäßig eine dicke Schicht Sägespäne vom Teppich zu saugen, auch gut, aber die meisten Halter/innen bevorzugen ein Aquarium oder Terrarium. Mit Letzterem verhindert man auch das lästige Gitternagen, denn selbst wenn eine Rennmaus genügend Auslauf hat und alle anderen Gründe ausgeräumt sind, mancher Unruhegeist tendiert trotz allem dazu.

Mindestgröße für 2 Tiere: 80 cm × 40 cm × 40 cm, besser ist 1 m Länge. Reinigung alle 2–3 Wochen. Möglich ist, zwei Aquarien mit einem Drainagerohr zu verbinden. Jedoch entstehen in einem solchen Verbundsystem auch leichter Streitereien.

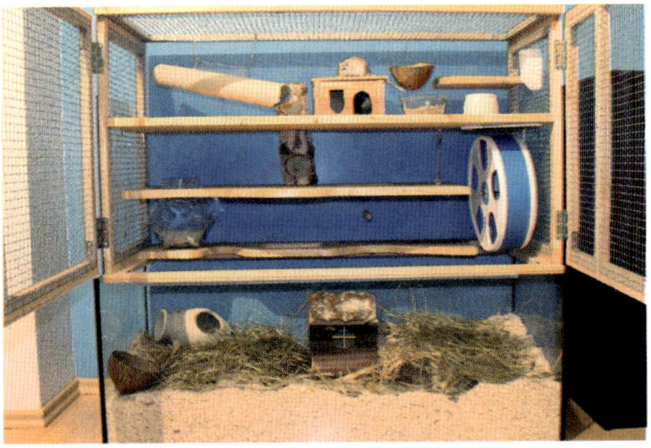

Holzbau

Wer handwerklich geschickt ist, kann mit Holz sehr schöne Bauten gestalten. Ein Jammer nur, wenn der schöne Holzbau langsam, aber sicher, durch Anknabbern seine Schönheit verliert. Nachts kann das mäuserische Zerstörungswerk auch noch sehr laut sein. Abhilfe kann geschaffen werden, indem die Mäuse jeden Abend ein paar dünne Zweige zum Knabbern erhalten. Dies ist erheblich leiser, gesund und schont die Einrichtung.

Einstreu

Als Einstreu eignen sich Kleintierstreu, Hanfstreu oder Vogelsand. Auch ein Gemisch ist möglich oder die Verwendung verschiedener Einstreusorten im unterteilten Heim. In Vogelsand wühlen und laufen die Tiere sehr gerne, dafür bindet er den Geruch schlechter, es halten keine Gänge und er ist teurer und nicht zuletzt schwerer. Die Einstreu muss hoch eingefüllt werden (15–20 cm und mehr), damit sich die Tiere Gänge graben können.

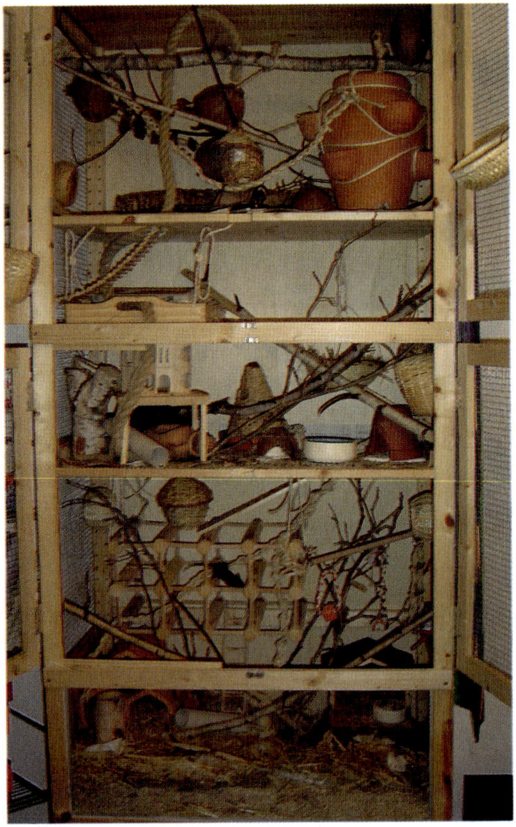

Schöne, selbst gebaute Riesenvoliere. Doch Vorsicht, die Größe kann manchmal Streitereien begünstigen.

Eingliederungsmethoden

Die folgenden Kapitel stehen im Anschluss an die Mongolische Rennmaus, weil es sich bei ihr um die unverträglichste der hier besprochenen Mäusearten handelt. Grundsätzlich können die Methoden auf alle Mäuse und auch andere Nager angewandt werden.

Niemals eine fremde Maus einfach zu anderen in den Käfig setzen!

So gesellig Mäuse auch sind, jeder fremde Reviereindringling wird sofort angegriffen und heftig gebissen, bis er die Flucht ergreift. In freier Natur hat eine angegriffene Maus dazu noch die Möglichkeit. In Gefangenschaft dagegen wird sie unerbittlich durch den Käfig gejagt und immer wieder gebissen, bis sie entweder ein Versteck findet, in dem sie vorerst zumindest verschwinden kann oder, weitaus häufiger, durch den Stress stirbt. Sie muss also allmählich in den Gruppenverband eingegliedert werden. Das geschieht mit folgenden Methoden:

Trenngittermethode

In der Mitte eines Käfigs oder Aquariums wird ein Trenngitter angebracht. In jede Hälfte wird eine Maus gesetzt. Das Becken darf nicht viel größer als 40 × 25 cm sein und die Einstreu nur sehr niedrig, damit die Tiere den gleichen Geruch annehmen. Die Verdrahtung des Trenngitters muss doppelwandig sein, um Bissverletzungen durchs Gitter zu verhindern. Beim Gitterkäfig kann der Maschendraht mit Kabelbindern befestigt werden (Elektronikshop), beim Aquarium muss man etwas handwerkliches Geschick entwickeln. Das Trenngitter muss unbedingt den wütenden Anstürmen der Mäuse standhalten.

Täglich werden nun die Mäuse 2–3-mal in die andere Hälfte umgesetzt. Wenn sie sich kaum noch umeinander kümmern, werden sie versuchsweise zusammengesetzt; ein dicker Lederhandschuh zum sofortigen Eingreifen wird angezogen. Die aggressivere Maus wird zur anderen gesetzt. Bei einer Gruppe wird eine Maus nach der anderen mit dem/der Fremden zusammengesetzt. Sie bleiben noch so lange im Trenngitterkäfig, bis sie sich beim Schlafen zusammenkuscheln. Ein Teil der alten Einstreu wird in den neuen Käfig gegeben. Anfangs gut beobachten, nach dem Umsetzen kann es noch Revierstreitigkeiten geben.

So sieht ein guter Trenngitterkäfig aus.

Ätherisches-Öl-Methode

Bewusst wurde die Überschrift so gewählt, denn hier wird kein chemisches Duftöl u. a. verwendet, sondern 100% naturreines ätherisches Öl. 3–4 Tropfen davon werden im Fell der Tiere verrieben, um ihren Eigengeruch zu überdecken, und zwar dort, wo Mäuse sich zur Kontaktaufnahme beriechen. Das ist am Hinterteil, am Maul und bei Rennmäusen zusätzlich die Duftdrüse am Bauch. Keine Zitrus-, Minz- oder Gewürzöle nehmen (Zimt, Rosmarin, Pfefferminz, etc.), da sie brennen können, sondern Lavendelöl, Anisöl oder Holzöle. Parfüms, Sprays, Zwiebelsaft u. Ä. sind gesundheitsschädlich! Die Öle dürfen nicht direkt mit den Schleimhäuten, dem Geschlechtsteil oder der Duftdrüse in Berührung kommen.

Die Tiere werden nun in einem neutralen Raum zusammengesetzt, die Lauffläche beträgt etwa 1,50 m × 2 m. Zusätzlich werden Verstecke angeboten wie Häuser u. a. Mit einem angezogenen Lederhandschuh muss man ständig dabeibleiben, denn wenn ein Tier gebissen wird, ist die Eingliederung zunächst gescheitert. Sie kann dann frühestens in 2 Wochen wieder versucht werden, wenn die Wunden verheilt sind und

die Maus ihren seelischen Schock überwunden hat. Greift eine Maus an, geht man mit dem Handschuh energisch dazwischen. Dabei kann sie sogar vorsichtig weggeschoben werden. Sie verliert durch den Handschuh nicht ihre Handzahmheit, lernt aber im günstigen Fall, dass ihre Angriffslust bestraft wird. Nach einigen Stunden muss das Öl erneuert werden!
Ein gutes Zeichen ist es, wenn die Tiere sich nicht umeinander kümmern und ihrer Wege gehen. Oder wenn die stärkere Maus zwar angibt (= Imponiergehabe), etwa vor dem Versteck der schwächeren Maus wild zu graben anfängt, trommelt oder sich dagegen wirft, ihr aber letztlich nichts tut. Will sie die Maus ernsthaft beißen, wird sie versuchen, sie aus dem Versteck zu jagen. Bleibt sie aber davor stehen, während die andere Maus sie anfiept, und geht dann wieder, ist die Situation harmlos. Rennmäuse schleifen oft noch einige Male mit dem Bauch auf dem Boden, um das Revier zu markieren und die Verhältnisse klarzustellen.
Die folgenden Tage werden die Tiere erneut unter Aufsicht laufen gelassen. Ein weiterer Fortschritt ist, wenn die rangniedere Maus herumläuft, ohne beachtet zu werden. Kuscheln sich alle Mäuse beim Schlafen zusammen, ist hier – anders als bei der Trenngittermethode – die Situation in der Regel stabil, die Tiere können umgesetzt werden. Diese Methode kann oft noch zu Erfolg führen, wo die andere versagt, und kann auch sehr schnell gehen. Wenn eine Maus im Trenngitterkäfig wegen des beengten Platzes sehr aggressiv ist, kann sie sich hier friedlicher verhalten.
Beide Methoden werden etwa 2, maximal 3 Wochen durchgeführt. Danach ist die Eingliederung leider gescheitert. Jede Maus ist eben auch eine eigene Persönlichkeit. Andere Methoden habe ich als sehr unzuverlässig erlebt und möchte sie nicht weiterempfehlen.

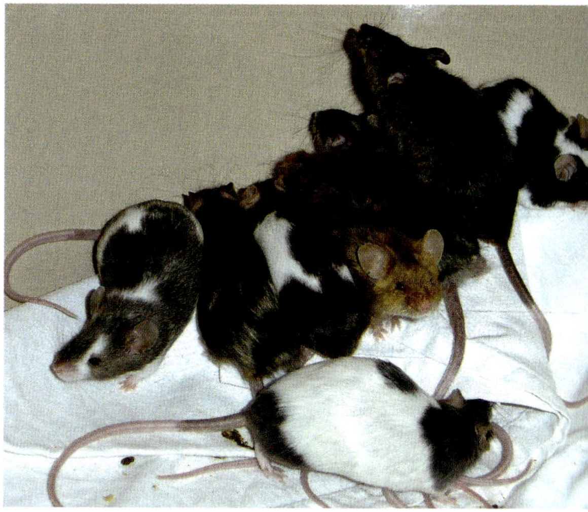

Massenvergesellschaftung: 10 Farbmausweibchen, 2 weitere, 2 Tierheimweibchen und 4 Notfallkastraten kamen zunächst einige Stunden in die Badewanne.

Die weiße einzugliedernde Rennmaus stemmt ihre Pfote gegen die schwarze, um sie zu beruhigen. Die gutmütige schwarze zeigt nur ein Imponiergehabe.

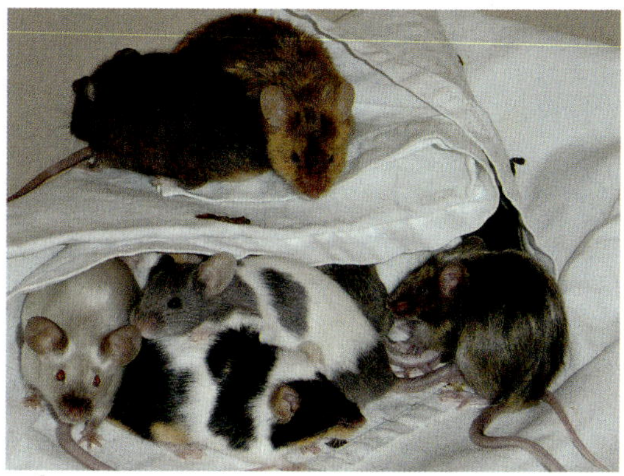

Die Begegnung verlief völlig friedlich.

Danach mussten alle Mäuse für eine Nacht in ein Miniaquarium von der Fläche 40 × 20 cm.

Auch dort vertrugen sie sich bestens.

Anschließend zogen sie in die Bodenwanne der großen Voliere. In den nächsten Tagen und Wochen wurden nach und nach Einrichtungsgegenstände hinzugefügt. Die große Gruppe lebte auch nach dem Versterben der ersten Mäuse friedlich zusammen.

Gründe für plötzliche Aggressionen und Maßnahmen

Immer wieder kommt es vor, dass Mäuse, die vorher friedlich zusammengelebt haben, sich plötzlich zu beißen anfangen, wobei im Extremfall eine Maus die andere tötet. Entgegen einer verbreiteten landläufigen Meinung gibt es dafür durchaus Gründe!

Bei Futtermangel kann es tatsächlich passieren, dass eine Maus getötet und angefressen wird. Man sollte auch Leckerbissen möglichst allen Mäusen gleichzeitig geben. Auch bei Krankheit oder einer Verletzung kann eine Maus aus dem Verband ausgestoßen werden. Stirbt ein Tier an Altersschwäche, können Rangkämpfe um die neue Ordnung ausbrechen. Besonders bei einer gemischtgeschlechtlichen Gruppe muss man sich auf einiges gefasst machen.

Streitereien um Leckerbissen können manchmal zu richtigen Kämpfen führen.

Rangkämpfe im Familienverband können mitunter auftreten, wenn die Jungen älter werden und nicht mehr in der alten Rangordnung verharren wollen. Es hängt von der Aufzucht und der Verträglichkeit der Zuchtlinie ab, ob die Gruppe stabil bleibt. Nicht nur ein zu kleiner Käfig kann Streitigkeiten verursachen, sondern auch ein zu großer (neue Revierbildung). Vorsicht auch, wenn nur eine Maus herausgenommen wird, sich an den Fingern Creme o. Ä. befindet und sie den Gruppengeruch verliert. Reiben Sie sie dann vor dem Zurücksetzen mit der Einstreu ein.

Oft unterschätzt: Jeglicher Stress kann Streit auslösen! Dies kann eine Baustelle vor dem Haus genauso sein wie ein Umzug, ein/e neue/r Partner/in oder neue Menschen, mit denen die Mäuse Kontakt haben. Sogar eine gestresste und gereizte Stimmung ihrer Menschen kann sich auf die Tiere übertragen. Ein Standortwechsel, ein neues Heim, auch die Käfigreinigung bedeuten Stress. Ein häufiger Fehler bei Farbmausmännchen ist eine zu gründliche Reinigung, wodurch die Duftmarken der ranghöchsten Maus beseitigt werden. Dies verunsichert die Tiere in der Rangfolge und die Duftmarken werden sowieso gleich wieder neu gesetzt, meist noch verstärkt. Ebenso können sich viele Mäuse im selben Raum gegenseitig stressen. Wenn eine meiner Mongolen trommelte, fühlten sich regelmäßig auch die Tiere anderer Behausungen alarmiert, sodass ich sie irgendwann auf mehrere Zimmer verteilte.

INFOBOX

Wichtig: Nach jeder Käfigreinigung immer einen kleinen Rest der alten Einstreu beibehalten.

Warnende Anzeichen
Normalerweise schlafen Mäuse immer dicht aneinander gekuschelt. Sobald eine Maus abgesondert an einem anderen Platz schläft, ist dies ein deutliches Warnsignal. Entweder ist sie neu und noch nicht ganz integriert, dann wird sie aber bald mit den anderen im Nest schlafen. Ansonsten ist die nächste Stufe sehr schnell, dass sie durch den Käfig gejagt wird. Wenn jetzt nicht eingegriffen wird, ist es zu spät.
Bei Farbmausböcken kündigt ein plötzliches extremes Markierverhalten Spannungen an ebenso wie eine überraschende Anhänglichkeit.

Wenn eine Rennmaus trommelt, schreckt sie damit auch die Rennmäuse in anderen Terrarien auf.

Im Normalfall kuscheln sich alle Mäuse beim Schlafen zusammen. „Zorro" und „Ratte"

Maßnahmen bei Streitigkeiten

1. Methode: Den Aggressor entfernen

Das aggressive Tier wird vorübergehend entfernt. Häufig wird nur die rangniedrigste Maus angegriffen. Man möchte sie zwar verständlicherweise gerne schützen, diese ohnehin schwächste aber durch Entfernen in die endgültige Außenseiterrolle zu bringen, ist gerade verkehrt. Nach einer Weile „Einzelhaft" – erfahrungsgemäß eine Nacht – beruhigt sich die aggressive Maus fast immer. Der Ausweichkäfig kann dabei ruhig sehr klein sein. Umso schneller merkt sie, dass es in Gesellschaft doch schöner ist.

2. Methode: Mäuse in einen engen Käfig stecken

Alle Mäuse werden in ein kleines Becken gesetzt, nicht größer als 30 × 40 cm! Mit einem Lederhandschuh immer dabeibleiben. Zusätzlich Heu ins Becken legen, um den Eigengeruch zu überdecken. Vorsichtshalber wird ein Versteck angeboten, wenn noch unklar ist, ob eine Maus nicht doch angreift. Oft wird man aber die Erfahrung machen, dass sich die Tiere aneinander kuscheln und keine Aggression mehr zeigen, da der Käfig zu klein ist, um Reviere zu bilden. Bringt das noch nicht den gewünschten Erfolg, können Tiere und Einstreu mit etwas ätherischem Öl betupft werden. Beim Zurücksetzen etwas von der alten Einstreu dazugeben.

3. Methode: Streitende durch ein Trenngitter trennen

Hier bleiben alle Mäuse im gleichen Käfig, er wird jedoch durch ein Trenngitter in zwei Hälften geteilt. Die streitende Maus wird allein in eine Käfighälfte gesetzt. Zeigt daraufhin eine weitere Maus Aggressionen, setzt man sie ebenfalls um.

Die Rennmaus als Friedensstifterin

Nicht nur ich, sondern auch andere Halter/innen konnten schon öfter beobachten, dass sich eine Rennmaus bei Streitereien einmischt, um zu schlichten! Ein fantastischer Anblick: Entweder wirft sie sich mit dem ganzen Körper zwischen die Kontrahenten oder sie drückt beide Vorderpfoten gegen die angreifende Maus und versucht, sie zu beruhigen. Ihr Ausdruck hat dabei tatsächlich etwas Bittendes. Dieses Verhalten konnte ich bei Rennmäusen beobachten, die sehr verträglich und friedfertig sind, dabei aber in der Rangordnung hoch stehen. Ein/e Friedensstifter/in kann den Gruppenverband stabilisieren.

Die weibliche Rennmaus „Shambala" war eine Friedensstifterin und ging bei jeder Streiterei dazwischen.

Auslauf

Entwischte Maus

Sofern kein Weg nach draußen führt, gibt es noch keinen Grund, in Panik zu geraten. Bisher habe ich jede Maus wiederbekommen. Stellen Sie Futter und Wasser auf und schließen Sie Türen und Fenster. Ist unklar, in welchem Raum sie sich befindet, legen Sie eine abgezählte Menge Sonnenblumenkerne aus. Über kurz oder lang wird sie der Hunger aus ihrem Versteck treiben. Versuchen Sie dann, sie sanft und ohne Hektik zu greifen. Wenn sich eine Maus zu sehr erschreckt, kann sie als Folge des Schocks einen epileptischen Anfall bekommen. Und meistens geht ruhiger auch viel besser. Am frühen Vormittag ist die Chance groß, dass Sie sie schlafend in einer dunklen Ecke finden.

Gefahren beim Auslauf:

Vor dem Freilauf muss der Raum auf folgende Gefahren untersucht werden:

- Ertrinken im Aquarium, Kloschüssel, Waschbecken
- Erkältungsgefahr durch Sturz in volle Tassen, Zimmerbrunnen u. a.
- Vergiftung durch: Tabak, Medikamente, Putzmittel, Kaffee, lackiertes Holz, Klebstoff, Farben, Malstifte, giftige Zimmerpflanzen
- Übertragen von Parasiten (befallene Blumenerde)
- Zerquetschen (menschl. Fuß, Türen, Schaukelstuhl)
- Stromschlag durch Nagen an Kabeln
- Verbrennen am Ofen, Heizgerät, an Lampe, Kerze
- Flucht durch geöffnete Türen, Fenster u. a. Öffnungen

INFOBOX

Liste giftiger Zimmerpflanzen:

Agaven, Aloen, Alpenveilchen, Amaryllis, Aronstab, Azaleen, Christrose, Christusdorn, Chrysanthemen, Croton, Dieffenbachia, Efeu, Engelstrompete, Euphorbia, Farne, Fingerhut, Flamingoblume, Geranien, Hortensien, Hyazinthen, Immergrün, Kakteen, Korallenbäumchen, Krokus, Lebensbaum, Liguster, Maiglöckchen, Mistel, Myrte, Narzissen, Oleander, Osterglocken, Passionsblume, Philodendron, Primeln, Weihnachtsstern, Wolfsmilchgewächse.

Es kann manchmal sehr arbeitsintensiv sein, alle Gefahrenquellen zu beseitigen, und schnell ist etwas übersehen. Deshalb ist es besser, den Tieren von vornherein eine sichere Laufmöglichkeit zu bieten. Sie braucht gar nicht Zimmergröße zu haben, im Gegenteil besteht bei sehr viel Platz wieder die Gefahr von Streitereien. 1 m^2 kann völlig ausreichen, wenn viel Spielzeug angeboten wird. Mit Holzlatten und Maschendraht lässt sich ein Raum abtrennen, aber auch ein alter Schrank kann zu einem Laufschrank werden. Hier ist etwas Phantasie gefragt.

Ein alter Küchenschrank wurde zu einem Laufschrank umgebaut.

Mäusezucht – Mäuseleid?

Wohin mit dem Nachwuchs?

Diese Frage kann gar nicht eindringlich genug gestellt werden. Ein Rennmausweibchen bringt mit einer durchschnittlichen Wurfstärke von 4 bis 6 Jungen immerhin etwa 20–30 Junge im Jahr zur Welt. Ein Dutzendwurf ist zwar selten, aber durchaus möglich. Ein Farbmausweibchen kann dagegen bei einer durchschnittlichen Wurfstärke von 8 bis 12 Jungen – manchmal sogar noch mehr – mit etwa 8 Würfen im Jahr schnell auf 100 Babys kommen.

Rennmäuse vermehren sich wie in freier Natur im Winter in aller Regel nicht, Hausmäuse, die in den Häusern der Menschen leben, pflanzen sich dagegen das ganze Jahr über fort, ebenso die Farbmäuse. Hinzu kommt, dass anders als beim ähnlich vermehrungsstarken Goldhamster viele Menschen bei Mäusen mit Ekelgefühlen zu kämpfen haben.

Rennmäuse beim Geschlechtsverkehr

Geplante Zucht

Immer wieder erreichen mich Anfragen von Hobbyzüchtern, ob ich nicht eine Idee zur Vermittlung des Mäusesegens hätte. Manchmal sogar gefolgt von Beschimpfungen – bei Jugendlichen –, denn ich habe auch keine außer den üblichen wie Kleinanzeigen, Aushänge, Zoohandlungen. Man möge mir daher meinen Sarkasmus bezüglich dieses Themas verzeihen. Doch solche Gelegenheitszuchten tragen eher zum Mäuseleid bei. Zum einen werden häufig Erbfehler durch Unkenntnis weitergegeben, zum anderen landen die Mäuse mangels Kontakten oft im Tierheim oder werden an die nächstbeste Zoohandlung „verramscht". Die Maus wird zur Billigware, die Zahl der erblich belasteten und kranken Mäuse nimmt immer mehr zu. Engagierte Züchter/innen organisieren sich deshalb immer mehr in Vereinen, um diesem verhängnisvollen Trend entgegenzuwirken.

Wem versehentlich ein Mäusepaar „angedreht" wurde anstatt der in gutem Glauben zugesicherten zwei Männchen oder Weibchen, ist natürlich entschuldigt. Auch wenn es immer wieder Emotionen entfacht: Mäuse als Schlangenfutter zu züchten, halte ich bei einer artgerechten Haltung für legitim. Ich selbst könnte es nicht, aber auch eine Schlange ist ein Lebewesen mit einer ebensolchen Daseinsberechtigung wie eine Maus.

23 Farbmausbabys. Bei guter Ernährung des trächtigen Muttertieres ist ein großer Wurf keine Seltenheit.

Begrenzen Mäuse den Nachwuchs?

In freier Natur ja, in Gefangenschaft funktioniert der Vorgang nicht immer, vermutlich wegen der wärmeren Bedingungen. Bei Hausmäusen wird die Eierproduktion durch die Eierstöcke eingestellt. Man geht davon aus, dass die Geburtenregelung bei Rennmäusen ganz ähnlich erfolgt, da auch bei ihnen noch ein Deckvorgang stattfindet. Die Tiere planen aber nicht die Babys ein, die schon im Mutterleib sind, sondern fressen sie bei Überbelegung eher auf. Auch das sollte vor einer Zucht bedacht werden, ob Kinder mit so etwas umgehen können.

Schwangerschaft und Geburt

Bei der Aufzucht der Jungen hat die Mutter einen erhöhten Vitamin- und Eiweißbedarf. Sie muss 1–2 Mehlwürmer täglich oder eiweißreiche Alternativen erhalten, andernfalls kann sie wegen Eiweißmangel ihre eigenen Jungen auffressen. Der Käfig wird kurz vor der Geburt zum letzten Mal saubergemacht, danach bis zur vollständigen Entwicklung der Jungen nicht mehr. Das Nest ist völlig in Ruhe zu lassen, die Jungen dürfen erst nach der vollständigen Behaarung zum Zähmen in die Hand genommen werden.

Der Vater deckt erneut

Und zwar gleich nach der Geburt. Wollen Sie nicht noch mehr Nachwuchs und das Muttertier keiner erhöhten Belastung von Trächtigkeit und Säugezeit aussetzen, muss er kurz vor der Geburt heraus!

Entwicklungsstadien der Farbmaus

Am 2. Tag deutet sich die spätere Farbgebung schon an.

Am 4. Tag setzt bei Farbmäusen die Behaarung ein.

7. Tag: Nun sind sie deutlich größer und schwerer.

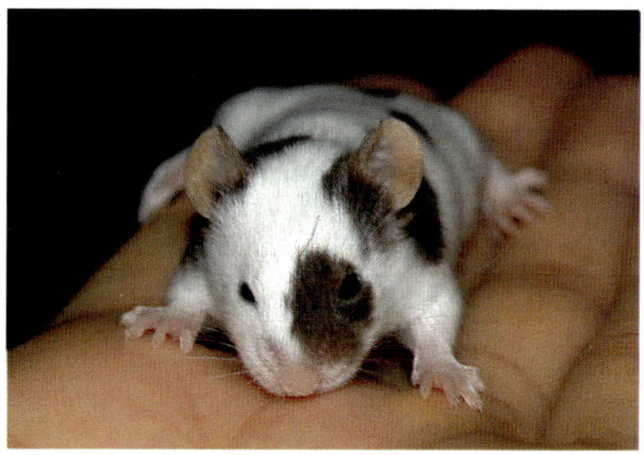

Ab dem 12. Tag öffnen sich die Augen.

Entwicklungsstadien der Mongolischen Rennmaus

Am 3. oder 4. Tag zeichnet sich die Pigmentierung ab.

Mit etwa 12 Tagen sind sie voll behaart.

Zwischen 18 und 21 Tagen öffnen sich die Augen.

Entwicklung der Jungen

Rennmaus: Die Jungen kommen nackt und blind zur Welt und wiegen 2,5–4 g.
5./6. Tag: Erste Behaarung.
12 Tage: Volle Behaarung, aber noch dünn.
14 Tage: Erste Ausflüge. Die Mutter trägt die Babys ins Nest zurück, da sie die Körperwärme noch nicht selbstständig regulieren können.
18–21 Tage: Öffnen der Augen, Fressen fester Nahrung.
4 Wochen: Selbstständig.
5–6 Wochen: Geschlechtsreife.

Farbmaus: Die nackten Babys wiegen 1–2 g.
3. Tag: Öffnen der Ohren, erste Behaarung.
7. Tag: Erste Ausflüge.
10. Tag: Vollständige Behaarung.
12–14 Tage: Durchbruch der Schneidezähne, Öffnen der Augen.
14–16 Tage: Fressen fester Nahrung. Sogenanntes Flohalter, die Jungen vollführen oft hohe Sprünge. Gewicht: ca. 9 g.
Mit 21 Tagen selbstständig.
28–30 Tage: Geschlechtsreife. Nun sollten sie von den Eltern und nach Geschlechtern getrennt werden.

Zuchtpause muss sein!

Sonst hat die Mutter zuerst die erhöhte Belastung von Trächtigkeit und Säugen und anschließend die, den 2. Wurf zu säugen, während die halbflüggen Jungen bereits herumkriechen und eigentlich von der Mutter ein Sozialverhalten erlernen müssten. Da sie sich von der Schwangerschaft nicht erholen konnte, kann das bedeuten, dass für den 2. Wurf die Milch nicht mehr ausreicht, die Tiere in der Entwicklung zurückbleiben oder gar sterben. So mancher unerklärlich frühe Tod einer Maus kann daran liegen, dass sich kein kräftiges Immunsystem ausbilden konnte. Deshalb ist der Mutter nach jedem Wurf eine Zuchtpause von mindestens 8 Wochen zu gönnen. Insgesamt sollte sie nur viermal werfen, das Mindestalter zum Zuchtbeginn sollte vier Monate betragen, bei Rennmäusen 4–5 Monate, das Höchstalter ein Jahr, bei Rennmäusen maximal zwei Jahre, besser eineinhalb.

Krankheiten der Renn- und Farbmaus

Mäuse haben wenig Energiereserven, sodass eine Krankheit, die im Anfangsstadium noch zu behandeln wäre, schon nach einem Tag lebensbedrohend sein kann. Bitte verlieren Sie daher keine Zeit, wenn Ihre Maus krank ist, und gehen Sie sofort zum/zur Tierarzt/-ärztin (TA).
Ob eine Infektion auch als Krankheit zum Ausbruch kommt, hängt vom Allgemeinbefinden der Tiere und dem Immunsystem ab. Die Weichen dafür werden in der Jungtierzeit gelegt. Aber auch Stress schwächt das Immunsystem und begünstigt das Ausbrechen von Krankheiten, ebenso sind eine unsaubere Einstreu und Fütterungsfehler häufige Krankheitsfaktoren.

Verletzungen: Leichte Bisswunden heilen bei Mäusen meist von allein. Unterstützend naturreines, ätherisches Lavendelöl mit einem Wattebausch auf die Wunde tupfen. Auch Knochenbrüche heilen ohne Schienung. Bei schweren Wunden TA.

Zahnfehlstellungen: Zu lange Zähne behindern die Tiere beim Fressen, im Extremfall verhungern sie. Kürzen durch TA, Verbessern der Nahrung.

Lange Nägel: Ursache: Fehlende Grabmöglichkeit an hartem Material.

Erkältung: Niesen, Schnupfen, knackendes Atemgeräusch, Atemnot, struppiges Fell, tränende Augen.
Behandlung: Eine Käfigecke mit Rotlichtlampe bestrahlen mit Ausweichmöglichkeit ins Kühlere. 0,5 m Abstand vom Käfig. Etwas Vitamin C pur ins Trinkwasser oder Echinacea ohne Alkohol. Das Wasser muss unverändert schmecken.

Durchfall: Durchfall ist ein Symptom für verschiedene Verdauungskrankheiten unterschiedlicher Ursachen. Bei einigen schneller tödlicher Verlauf! Da Sie – meist als Laie – den Schweregrad der Krankheit nicht beurteilen können, bitte keine Eigenbehandlungen mit schwarzem Tee o. a. Sofort mit einer Kotprobe zum TA.

Rennmäuse benutzen erhöhte Stellen gerne als Aussichtsplatz. Beim Erklettern der Steine schleifen sich die Krallen ab.

Parasiten: Häufiges Kratzen, Hautwunden, Schuppen, Haarausfall.
Behandlung: Einstreu komplett durch Vogelsand oder Zellstoff ersetzen. Heiß auswaschen, evtl. auch Umgebungsspray. **Äußere Parasiten:** Spot-on-Präparate vom TA (z. B. Stronghold). **Innere Parasiten:** Spritze vom TA.

Hautentzündung: Durch Gitternagen, unsaubere Einstreu, Graben in Blumenerde, Sandkastensand können Wunden entstehen, die sich entzünden können. Begünstigend ist ein Trinkwassernapf.
Behandlung: Mit stark verdünntem Kamillentee betupfen. Im schweren Fall TA.

Hitzestau: Schwacher, erhöhter Puls, hechelnde Atmung, Flachliegen mit ausgestreckten Extremitäten.
Behandlung: Dunkle, kühle und ruhige Haltung (Kühlakku in Käfig). Sonst TA kommen lassen, was weniger Stress bedeutet!

Schlaganfall: Halbseitige plötzlich auftretende Lähmung, vor allem bei älteren Tieren. Manche überleben und erlangen die volle Beweglichkeit zurück, manche nicht.

Tumor: Tastbare Geschwülste, Blut im Urin. Oft können Nager mit einem Tumor noch eine Weile recht gut leben.
Behandlung: OP oder Einschläfern.

Epileptischer Anfall: Manche Tiere haben eine erbliche Neigung zur Epilepsie. Der Krampfanfall klingt meist nach wenigen Minuten von selbst ab.
Vorbeugung: Stress möglichst fernhalten, mineralstoffreiche Ernährung; keine Gewürzpflanzen verfüttern (vgl. S. 26).

Tyzzer-Seuche (Tyzzer's Disease): Schwerwiegendste bakterielle Erkrankung bei Rennmäusen! Hohe Sterberate. Das Bakterium (Clostridium piliforme) gehört zur Darmflora, unter Extrembedingungen vermehrt es sich übermäßig. Durchfall, Apathie, Appetitlosigkeit, struppiges Fell; innerlich Darmentzündung. Ansteckung über verunreinigte Einstreu von infizierten Hausmäusen oder durch infizierte Nager direkt. Erkranktes Tier in Quarantäne! Sofort TA!

Besondere Krankheiten der Farbmaus

Farbmäuse sind sehr viel stärker erblich belastet als Rennmäuse, ihr Immunsystem ist weitaus anfälliger. So gibt es leider nicht wenige Tiere mit Allergien auf Kleintierstreu oder Heu; bei Rennmäusen bis jetzt noch unbekannte Erkrankungen.

Mäusepocken (Ektromelie): Viruserkrankung der Wild- und Labormäuse, schneller tödlicher Verlauf. Von Labormäusen als Heimtier ist daher dringend abzuraten!

Polyarthritis: Ursache Bakterium, begünstigend Überbelegung und mangelnde Hygiene. Symptome: geschwollene Gelenke, manchmal Schwellungen und Geschwüre an Pfoten und Schwanz.
Behandlung: TA: Antibiotika

Salmonellose (Mäusetyphus): Symptome: Abmagerung, stumpfes Fell, Hinfälligkeit, nicht immer Durchfall. Ansteckend für Menschen!
Behandlung: TA: Antibiotika. Quarantäne, strenge Hygiene.

Mycoplasmose: Niesen, angestrengte Atmung mit knatterndem oder pfeifendem Geräusch. Krankheitsausbruch stark abhängig vom Immunsystem. Im weiteren Verlauf zunehmende Verschlechterung des Allgemeinbefindens mit Folgekrankheiten wie Bronchitis, Lungenentzündung. Allmähliche Zersetzung der Lunge. Sehr ansteckend!
Behandlung: Oft Resistenz gegen Antibiotika, dann Baytril. Versuch, das Immunsystem zu stärken (z. B. Echinaceakur).

Die Duftdrüse am Bauch von Rennmäusen neigt leicht zu Entzündungen und auch Tumoren.

Abschied

Irgendwann muss man sich leider für immer von seiner Maus verabschieden. Begraben werden darf sie im eigenen Garten, wobei der Körper 50 cm tief mit Erde bedeckt sein muss. Nicht erlaubt sind der Wald, Wiesen und anderes öffentliches Gelände. Leider ist es aber manchmal nur das Geringste, den toten Körper zu entsorgen. Denn wohl kaum ein anderes Haustier kommt so häufig durch einen Unfall, bei dem der Mensch Ursache ist, zu Tode wie die Maus. Verständlicherweise plagen sich die Besitzer/innen dann mit Schuldgefühlen. So las ich den Fall eines Jugendlichen, der seine äußerst zutrauliche Maus versehentlich tot trat. Und das auch noch mit nackten Füßen.

Natürlich belastet so ein Ereignis über alle Maßen, aber fortan versagte sich der Jugendliche eine Maus und hielt sich nur noch Vogelspinnen. Nichts gegen diese herrlich anzuschauenden Tiere, aber mit einer lieben Maus, die zu ihrem Menschen eine enge Beziehung eingehen kann, sind sie natürlich nicht vergleichbar. Der eigentliche Verlust war nicht seine Maus, von der er sich sowieso irgendwann hätte verabschieden müssen, sondern dass es dem Jugendlichen nicht gelang, sich diesem schmerzlichen Ereignis zu stellen, und er vermutlich auch heute noch davon belastet wird. Und so ist er der schönen Erinnerungen an seine Maus beraubt und der Freude, die er mit ihr hatte.

Wie also damit umgehen, besonders wenn Kindern ihre Maus verunglückt? Mir hat es geholfen, wenn ich glaubte, am Tod eines meiner Tiere schuld zu sein, in Gedanken mit dem verstorbenen Tier zu reden. Und da, wo man glaubt, schuld zu sein oder vielleicht auch tatsächlich schuldig geworden ist, um Verzeihung zu bitten. Auch im zwischenmenschlichen Bereich gibt es wohl keine intensive Beziehung, in der man sagen kann, man wäre jederzeit frei von Schuld, Fehlern oder Versäumnissen gewesen. Bei der Beziehung zum Tier ist das nicht anders. Und ich glaube, dass das Tier für die Liebe und Pflege, die man ihm im größtmöglichen Bemühen gegeben hat, auch verzeihen wird. Und wo ohnehin wirkliche Schuld ist oder wir uns nur mit unserem schlechten Gewissen selber Schuld aufladen wollen, ist manchmal kaum zu sagen.

Literaturangabe, Links

Danksagung

Alfred Altmann, Julian Barker, Andrea Becker (Vors. des Deutschen Mäuse-Rassezuchtvereins Muroidea e.V.), Ernst-Georg Beck (Studiendirektor und Dipl.-Biologe), Dorte Boss, Britta Butteron (Tierärztin Lich), Solveig Burzynski, Nadine Dobrunz, Dr. Corina Gericke (Ärzte gegen Tierversuche e.V.), Kerstin Grohall, Christian Günther, Kerstin Klitzsch, Anja Lindner, Michaela Malinski, Prof. Dr. Manfred Reinacher (Vet.-Medizin. Inst. Gießen), Sabine Roth, Dr. Jochen Sandmüller (Tierarzt Gießen), Stefan Schumacher (Institut für Tropenmedizin Tübingen), Nicole Thiedemann, Dr. pharm. Katharina Vogelsang (Heilpflanzenschule Calendula, Marburg), Dr. Petra Wolf (Tierärztliche Hochschule Hannover).

Auf Wiedersehen! Auf der nächsten Seite finden Sie noch mehr Literatur.

Literaturangabe

Allen, G. M., 1940. The Mammals of China and Mongolia, Part 2. In: The American Museum of Natural History. Pages 781–793. New York.

Benecke, Norbert. 1994. Der Mensch und seine Haustiere, Stuttgart.

K. Gabrisch, P. Zwart. 2001. Krankheiten der Heimtiere, Hannover. 5. Aufl.

Grzimeks Tierleben, Bd. 11. Die Mäuseverwandten, Bechtermünz Verlag.

Görner, Martin, Dr. sc. Hackethal, Hans. 1987. Beobachten und Bestimmen – Säugetiere Europas, Neumann Verlag Leipzig.

21. Hart RW et al. (eds). 1995. Dietary Restriction: Implications for the design and interpretation of toxicity and carcinogenity studies. ILSI Press. Washington DC

Hopkins, Cathy. 1999. Aromatherapie. München

Isenbügel, Ewald; Frank, Werner. 1985. Heimtierkrankheiten, Stuttgart.

Kötter, Engelbert. 2000. Rennmäuse, GU Verlag

National Gerbil Society Journal. 1998. Jackie Roswell. An Introduction to the Sundevall's Jird (Meriones crassus).

Schmidt, Günther: Hamster, Meerschweinchen und Mäuse, Ulmer Verlag

Walker, E. 1999. Mammal Species of the World. Baltimore.

Wilson, D. E. and Reeder, D. M. (eds). 1993. Mammal Species of the World. Smithsonian Institution Press Washington, London.

20. Wolf NS. 1995. letter in science 270: 1101–1102

Zeitschriften

Elsner, Amina. Tierversuche: Die Relevanz für den Menschen ist umstritten. Deutsches Ärzteblatt 101, Ausgabe 38 vom 17.09.2004, Seite A-2511 / B-2118 / C-2038

Petri, Fred Van Veen; Mettler, M.; Brückmann, V. 2001. A second acromelanistic Allelomorph at the Albino Locus of the Mongolian Gerbil Meriones unguiculatus. 74–78. The Journal of Heredity, vol. 92, pages 74–78.

Waring, A. D.; Poole, T. W. & Perper, T. 1978. White Spotting in the Mongolian Gerbil. The Journal of Heredity, vol. 69, pages 347–349.

22. Medical Research Modernization Commitee: A critical look at animal research. New York. 1990

Rodentia, Natur und Tier-Verlag

Klitzsch, Kerstin. Broschüre: Mäuse-Männer unter sich. Broschüren von „Ärzte gegen Tierversuche e.V."

Dissertation an der Veterinärmedizinischen Fakultät Bern: Vonlanthen von Tafers und Heitenried, Fr. E. Y. M. 2003. Einflüsse der Laufradnutzung auf ausgewählte ethologische, morphologische und reproduktionsbiologische Parameter beim Syrischen Goldhamster.

Nach Vorbild des englischen Zuchtvereins, dem National Mouseclub, gibt es nun auch in Deutschland den **Deutschen Mäuse-Rassezuchtverein Muroidea e.V.** (DMRM e.V.). Er setzt sich für die Zucht gesunder und vitaler Mäuse u. a. Nager nach Farbstandardvorgaben ein. Mit einer auf die Bedürfnisse der Tiere ausgerichteten Zuchtordnung informiert der Verein durch Ausstellungen u. a. Kontakt: Andrea Becker, becker@dmrm.de oder Nadine Dobrunz, dobrunz@dmrm.de

Homepages von Züchtern und Züchterinnen

www.nagetierzucht.de: Meine eigene Homepage. Zwerghamster und Rennmäuse
www.dmrm.de: Foren-HP des DMRM e.V.
www.promaus-ev.de: HP des Vereins für Mäuseschutz und Mäusezucht
www.farbmausrassezucht.de: Akasha's Tribe von Andrea Becker, viele Infos.
www.spooners-sunshine.de: Farbmausrassezucht in Berlin, viele Farbvarianten
www.minrimmon.de: Berliner Farbmausrassezucht, mit vielen Fotos
www.mainhattan-mice.de: Rassefarbmäuse, Vielzitzenmäuse, Akazienratten
www.vielzitzenmaus.de: Liebenswerte Wesen mit Neugier und Intelligenz
www.trinitys-mind.de: Farbmausrassezucht mit Liebe, Herz und Verstand
www.rennmaus-web.de: Mongolenzucht, angelehnt an Farbmaus-Zuchtstandard
www.aguti.net: Liebhaberzucht Mong. Rennmäuse u. exotische Nager
www.rennmaus4u.de: Mongolenzucht und exotische Nager
www.gerbils.co.uk: Mongolen u.a.

Über Mongolen:

http://www.web-toolbox.net/maus: Tipps zur Haltung von Mongolen
www.rennmaeuse.info: Über Rennmäuse und Zwerghamster
www.rennmaus.de: Die Community rund um Rennmäuse
www.rodent-info.net: Infos von der Akazienratte bis zur Zwergmaus
www.hockeyphreak.de: Sehr schöne Fotos von Farb- und Rennmäusen
rennmauszuchtverein.de
www.ig-rennmaus.de

Tierschutzseiten

www.aerzte-gegen-tierversuche.tierrechte.de
www.satis.tierrechte.de: Stud. Arbeitsgruppe gg. Tierverbrauch im Studium
www.versuchstier-des-jahres.de/2006/: Protestaktionen gegen die Muschelmaus

Bildnachweis

Ein herzliches Dankeschön den Fotograf(inn)en! Ihr habt dabei geholfen, dem Geschöpf Maus zur verdienten Wertschätzung zu verhelfen.

Martina Bachler: 53 l.o.
Julian Barker: 1, 50 l.M., 52
Andrea Becker: 36 (alle außer r.u.)
Yvonne Bender: 2 l.u., 6 r.o., 8, 15, 17, 18, 22 r.o., 23 r.M.+ l.+u., 24 r.u., 25, 26 l.o., 64 l.+r.u., 65 l.o., 66 r.o.+u., 67 (alle), 68 l., 69 l.o., 74 (außer r.o.), 75 l., 77 l.o.+r.u., 79 l.o.
Annette Böhmer: 32 l.
Solveig Burzynski: 3 l.u., 10, 12, 14 l.u., 23 o.M., 32 r. (beide), 33 (beide), 34 r.o.+u., 35, 37 r.o., 39 l., 55 l.M., 72 (alle), 77 l.u., 79 r.u.
Florian Buschbaum: 53 l.M.
Cynomys Chr. Ehrlich: 56 l.u., 63 r.o.
Kathrin Degoutrie: 59, 62 r.o., 64 r.o.
Nadine Dobrunz: 6 l.u., 34 M.r.+l., 36 r.u., 37 l.u.+r.u.
Estra Dragon: 43 r.o.+u., 49 r.u., 53 l.u., r.o.+r.M., 54 l.M., 56 r.o., 57 r.o.+u., 58 (alle außer r.u.), 62 l.u.
Michael Elsner: 51 r.o., 54 r.o.
Julia Ehmann: 14 r.o. (beide)
Ariane Fink: 46 l.u.
Judy Fox: Titelabbildung, 2 l.o.+r.u., 3 l.o.+r., 4 r.o., 16 r.o., 21 o.+u., 26 r.o., 28 l.u., 30 l.u., 31 u., 40, 41, 42, 43 l.M., 44 (beide), 45 (alle), 46 (alle), 47 (alle), 48 r.o., 49 l.u., 54 l.u., 56 l.o., 61 (alle); 63 u., 65 l.u., 66 l.u., 68 r., 69 u., 70, 73 (alle), 76
Christian Günther: 13 r.u., 27 u., 38, 55 l.u.+r.o.
Kerstin Klitzsch: 9, 34 l.o., 37 l.o.
Anja Kaplick: 71 l.
Anja Lindner: 7, 13 r.o.+l., 22 l.u., 24 l.o., 27 l.o., 28 r.o., 29, 48 l.u.
Alicia Lohnes: 20
Michaela Malinski: 19, 24 r.u., 37 M., 71 r.
Claudia Orcesek: 51 M.+u. (beide)
Regine Salathé: 5
Verena Santer: 53 r.u., 56 M.+r.u.
SATIS: 11
Simone Scharnowski: 4 l.u.
Ulrike Schön: 16 r.u., 30 r., 31 l.o., 58 r.u. 74 r.o., 75 r.u.
Anja Schmidt: 55 r.u.
Andreas Stocki: 39 r.o.
Carola Tischer: 57 l.M.
Elisabeth Wolfmayr: 50 l.u., 54 r.u., 55 l.o., 57 l.o.

Haftungsausschluss

Die Hinweise in diesem Buch stammen von der Autorin. Es können jedoch keinerlei Garantien übernommen werden. Eine Haftung der Autorin bzw. des Verlages und seiner Beauftragten für Personen-, Sach- und Vermögensschäden ist ausgeschlossen.

Bibliografische Information der Deutschen Nationalbibliothek

Die Deutsche Nationalbibliothek verzeichnet diese Publikation in der Deutschen Nationalbibliografie; detaillierte bibliografische Daten sind im Internet über http://d-nb.ddb.de abrufbar.

Postfach 16 42, 72706 Reutlingen

Schrift: 9/11 p Rotis
Umschlag: Atelier Georg Lehmacher, Friedberg
DTP und Repro: Raff digital GmbH, Riederich
Druck und Bindung: Oertel+Spörer Druck und Medien-GmbH+Co., Riederich
Printed in Germany
ISBN 978-3-88627-309-6

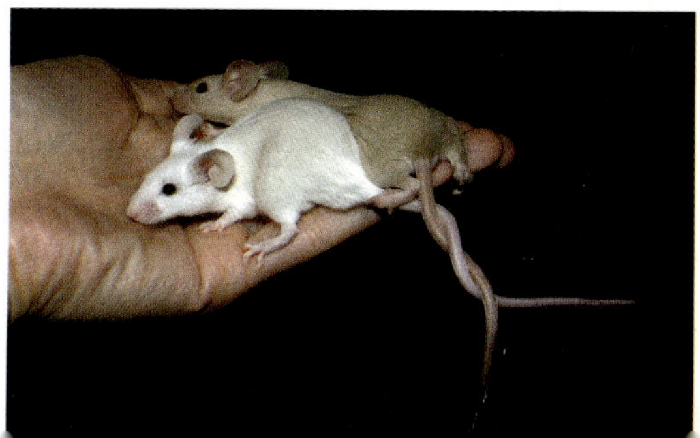

Dr. med. Wolfgang A. Schuhmayer

Chronisches Fatigue-Syndrom

Chronisches Erschöpfungssyndrom

Systemische Belastungs-Intoleranz-Erkrankung

VdÄ
VERLAGSHAUS
DER ÄRZTE

Impressum

Nibelungengasse 13
A-1010 Wien

www.aerzteverlagshaus.at

1. Auflage 2016

ISBN 978-3-99052-128-1

Umschlag & Satz: Grafikbüro Lisa Hahsler, 2232 Deutsch-Wagram
Umschlagfoto: mauritius images/STOCK4B
Projektbetreuung: Hagen Schaub
Druck & Bindung: Pátria Nyomda Zrt., 1117 Budapest

Printed in Hungary

Sämtliche Angaben in diesem Buch erfolgen trotz sorgfältiger Bearbeitung und Kontrolle ohne Gewähr und müssen vom jeweiligen Anwender im Einzelfall anhand anderer Literaturstellen auf ihre Richtigkeit überprüft werden. Eine Haftung des Autors oder des Verlages aus dem Inhalt dieses Werkes ist ausgeschlossen.

Aus Gründen der leichteren Lesbarkeit – vor allem in Hinblick auf die Vermeidung einer ausufernden Verwendung von Pronomen – haben wir uns dazu entschlossen, alle geschlechtsbezogenen Wörter nur in eingeschlechtlicher Form – der deutschen Sprache gemäß zumeist die männliche – zu verwenden. Selbstredend gelten alle Bezeichnungen gleichwertig für Frauen.

Einleitung

Es ist für einen Autor immer sehr spannend, wenn er über ein Thema schreiben soll, dessen Hintergründe sich noch weitgehend im medizinisch-wissenschaftlichen Dunkel verbergen. Der deutschsprachige Terminus „Chronisches Erschöpfungssyndrom" (CES) verleitet dazu, eine Verwandtschaft mit dem „Burn-out-Syndrom" zu vermuten. Die englischsprachige Bezeichnung „Chronic Fatigue Syndrome" (CFS) erinnert stark an ein Leitsymptom der Depression: die Antriebslosigkeit. Ein weiterer Name des Krankheitsbildes – „Myalgische Enzephalomyelitis" (MEM) – scheint klar hinweisend auf entzündliche Vorgänge im zentralen Nervensystem mit Konsequenzen auch auf die motorische Leistungsfähigkeit, verbunden mit Muskelschmerzen. Weitere Benennungen sind „Chronic Fatigue Immune Dysfunction Syndrome/CFIDS" (USA) bis hin zum dramatischen „Low Natural Killer Cell Syndrome/LNKS" (Japan). Allein die Fülle der Namen zeigt, wie lange die Medizin schon über die Natur dieses Krankheitsbildes rätselt. Der Begriff „Fatigue" – also Müdigkeit – ist eigentlich irreführend, denn die Kernsymptomatik besteht in einer ungewöhnlich raschen Erschöpfbarkeit – die bereits eintritt, wenn man morgens unter die Dusche gehen will und die dann lange anhält. Wir werden das in diesem Buch im Zusammenhang mit dem neuesten Akronym für diese Erkrankung etwas deutlicher ausführen.

Auftragsgemäß begebe ich mich in diesem Buch auf eine Art Forschungsreise, beginnend mit einem kurzen Porträt der wohl berühmtesten Person, die je an CES erkrankte – Florence Nightingale –, bis hin zu aktuellen Schlaglichtern aus rezenten US-amerikanischen sowie internationalen Vortragsveranstaltungen und Studien.

Gleich vorweg: Die nobelpreisverdächtige Antwort auf die Frage, was nun eigentlich dieses chronische Erschöpfungssyndrom wirklich ist, wird dieses Buch zweifellos nicht geben können, sicherlich stellt es aber den gewissenhaften Versuch dar, einen aktuellen Überblick bis hin in die Grenzbereiche komplementärmedizinischer Ansätze zu geben.

Und das alles in einer Sprache, die in der Tradition angelsächsischer Medizinliteratur bewusst verständlich sein will, um die Inhalte unbedingt auch Laien zugänglich zu gestalten, ohne mit abgehobener fachideologischer Terminologie zu langweilen, versehen mit dem einen oder anderen Schuss Infotainment.

Inhalt

The Lady with the Lamp

Seit 1995 findet jeweils am 12. Mai in vielen Ländern der *„International ME/CFS/CFIDS Awareness Day"* statt. Warum gerade an diesem Tag, mag man sich fragen? Nun, das Datum erinnert an den Geburtstag der berühmten englischen Krankenschwester Florence Nightingale (1820–1910). Seit etwa ihrem 35. Lebensjahr litt die Begründerin der modernen Krankenpflege an einer enzephalomyelitis-/erschöpfungssyndromartigen Erkrankung, durch die sie 50 Jahre ihres Lebens ans Bett gefesselt war, ehe sie im 90. Lebensjahr verstarb.

Am 12. Mai 1820 wurde Florence Nightingale in Florenz (Italien) geboren. Die Geburtsstadt gab ihr also gleichsam ihren Namen. Florence war das jüngere von zwei Kindern wohlhabender Eltern, die zur damaligen britischen Elite zählten. Ihre Mutter Frances entstammte einer Kaufmannsfamilie und war stolz darauf, sich mit Menschen höherer sozialer Schichten zu umgeben. Trotz dieses pointierten Interesses der Mutter am sozialen Aufstieg galt Florence als in gesellschaftlichen Belangen ungeschickt. Sie zog es dezidiert vor, möglichst nicht im Zentrum des Interesses zu stehen. Die eigenwillige Tochter hatte daher zu ihrer zur Kontrolle neigenden Mutter ein angespanntes Verhältnis, obwohl sie – wie viele Töchter dieser Zeit – ihre Mutter durchaus zufriedenzustellen versuchte. „Ich denke, ich wurde etwas gutmütiger und anpassungsfähiger“, schrieb sie später über die Beziehung zur Mutter.

Ihr Vater war William Shore Nightingale, ein reicher Landbesitzer, der zwei Güter in England geerbt hatte – eines in Lea Hurst (Derbyshire) und ein weiteres in Hampshire (Embley Park) – als Florence gerade 5 Jahre alt war. Sie wuchs auf dem Familiensitz in Lea Hurst auf, wo sie nach dem Willen ihres Vaters klassisch erzogen wurde, inklusive Sprachunterricht in Deutsch, Französisch und Italienisch. Schon von Jugend an war Florence Nightingale sehr philanthropisch veranlagt und kümmerte sich um kranke oder arme Menschen in der Nachbarschaft des Landsitzes. Seit ihrem 16. Lebensjahr schien es ihr klar, dass Krankenpflege ihre Berufung war. Sie hielt das für eine Art göttliche Bestimmung.

Tatsächlich verboten es die Eltern aber, diesen Plan weiterzuverfolgen. In der viktorianischen Epoche wurde von einer jungen Dame von Stand erwartet, einen wohlbegüterten Mann zu heiraten und nicht einen Beruf anzunehmen, der in den Augen der höheren Schicht noch dazu gering geschätzt wurde. Als Florence 17 Jahr alt war, wies sie den Heiratsantrag eines „passenden“ Gentleman – Richard Monckton Milnes – zurück, obwohl er sie, wie sie ausrichten ließ, durchaus „intellektuell und romantisch“ anspreche, aber ihr „moralisch aktives Naturell würde eine Dimension der Befriedigung fordern, die das Leben mit ihm wohl nicht bieten würde können“. 1844 begann Florence trotz des Widerstandes ihrer Eltern mit der Ausbildung zur Krankenschwester am Lutheranischen Spital von Pastor Fliedner im deutschen Kaiserswerth.

Florence Nightingale um 1850

In den frühen 1850er Jahren kehrte sie nach London zurück, wo sie in Middlesex an einem Spital für kranke Gesellschaftsdamen tätig wurde. Die Qualität ihrer Pflege beeindruckte ihren Arbeitgeber dermaßen, dass sie binnen eines Jahres zur Anstaltsleiterin ernannt wurde. Ihre Position wurde zur Herausforderung, als sie mit einem Choleraausbruch und den mangelnden sanitären Bedingungen rang, die der raschen Ausbreitung der Seuche förderlich waren.

Nightingale macht es sich zur Aufgabe, die hygienischen Verhältnisse zu verbessern und damit die Sterblichkeit in ihrem Krankenhaus zu senken. Dem übermäßigen Einsatz musste sie in Bezug auf ihre Gesundheit allerdings Tribut zollen. Kaum genesen, stand sie vor der größten Herausforderung ihrer Pflegelaufbahn, denn im Oktober 1853 brach der Krim-Krieg aus. Das Britische Empire unterstützte in diesem zehnten russisch-türkischen Krieg das Osmanische Reich. Tausende britische Soldaten wurden an das Schwarze Meer geschickt, wo es rasch zu einem Mangel an Versorgungsgütern kam. Bis 1854 mussten nicht weniger als 18.000 Soldaten von den Feldlazaretten versorgt werden.

Zu dieser Zeit arbeitete kein weibliches Pflegepersonal in den Militärspitälern auf der Krim. Die schlechten Erfahrungen mit Krankenschwestern hatten dazu geführt, dass man ihre weitere Anstellung unterließ. Aber nach der Schlacht

Britische Verwundete nach der Schlacht von Balaklawa (25. Oktober 1854)

an der Alma am 20. September 1854 geriet in England die erbärmliche Versorgung verwundeter Soldaten, die nicht nur auf mangelnde medizinische Betreuung, sondern auch auf hoffnungslosen Personalmangel in Verbindung mit erschreckenden unhygienischen und unmenschlichen Verhältnissen zurückzuführen war, in die Schlagzeilen.

Ende 1854 erhielt Florence Nightingale einen Brief des Kriegsministers Sidney Herbert, in dem sie gebeten wurde, ein Pflegekorps zu organisieren, das die kranken und verwundeten Soldaten auf der Krim betreuen sollte. Sie folgte diesem Ruf umgehend. Rasch berief sie 34 Krankenpflegerinnen aus verschiedenen Ordensgemeinschaften und segelte mit ihnen nur wenige Tage später in Richtung Krim.

Obwohl sie vor den erschreckenden Verhältnissen gewarnt worden waren, traf Nightingale und ihr Team das Grauen, das sie in der britischen Militärbasis Scutari (Üsküdar) in Konstantinopel (ursprünglich Byzanz, heute Istanbul) erwartete, weitgehend unvorbereitet.

Das Feldlazarett war über einer großen Jauchegrube errichtet, die nicht nur das Wasser, sondern den gesamten Bereich bakteriell kontaminierte. Die Patienten lagen inmitten der eigenen Exkremente auf Tragen, die auf den Gängen verstreut standen. Dazwischen tummelten sich Ratten und Käfer. Die nötigsten Güter wie Verbandmaterial oder Seife waren Mangelware, da die Zahl an Kranken und Verwundeten ständig anstieg. Selbst Wasser musste rationiert werden. Es verstarben weit mehr Soldaten an Infektionen wie Typhus und Cholera als an Kampfverletzungen.

Die pragmatische Nightingale zögerte nicht lange. Sie ließ hunderte von Scheuerbürsten anschaffen und bat die weniger stark Erkrankten, das Spital vom Boden bis zur Decke zu reinigen. Sie selbst verbrachte jede wache Minute mit der Betreuung der Soldaten. Selbst an den Abenden hielt sie mit einer Lampe in der Hand im Dunkeln Nachschau nach den Patienten. Die Soldaten gaben ihr, beeindruckt von diesem aufopferungsvollen Einsatz, deshalb den Spitznamen *„Lady with the Lamp"* (die Dame mit der Lampe). Andere nannten sie einfach „den Engel von der Krim". Ihre Arbeit verringerte die Zahl der Todesfälle rasch um zwei Drittel.

Zusätzlich zur Verbesserung der hygienischen Bedingungen am Krankenhaus entwickelte Nightingale eine Reihe von Neuerungen, die den Aufenthalt der

Patienten qualitativ erträglicher gestalten sollten. Sie richtete die sogenannte „Invalidenküche" ein, in der Speisen für Patienten mit speziellen diätetischen Bedürfnissen zubereitet wurden. Sie etablierte eine Wäscherei, um sauberes Bettzeug zur Verfügung zu stellen. Weiters richtete sie eine Bibliothek und sogar ein Unterrichtszimmer ein, um für intellektuelle Betätigung und Unterhaltung der Patienten zu sorgen.

Das Hospital von Scutari um 1854

Nightingales *Notes on Matters Affecting the Health, Efficiency and Hospital Administration of the British Army* – ein 830-Seiten-Bericht, in dem sie ihre Erfahrungen analysierte und Vorschläge zur Verbesserung des britischen Militärsanitätswesens machte – lösten eine totale Restrukturierung der Verwaltung im Kriegsministerium aus, inklusive der Einrichtung der *Royal Commission for the Health of the Army im Jahr 1857*.

Florence Nightingale blieb eineinhalb Jahre in Scutari und kehrte im Sommer 1856, nach dem Ende des Krimkriegs, ins Heim ihrer Kindheit nach Lea Hurst

Innenraum des Hospitals von Scutari nach Nightingales Reformen

zurück. Zu ihrer Überraschung wurde sie empfangen wie eine Heldin, was die bescheidene Frau allerdings tunlichst zu vermeiden suchte. Königin Victoria belohnte Nightingales Leistungen mit einer gravierten Brosche, die später als das „Nightingale Jewel" bekannt wurde, zudem erhielt sie 250.000 Pfund von der britischen Regierung.

Mit dem Geld gründete sie 1860 die Nightingale-Pflegeschule, als Ausbildungskrankenhaus diente das schon seit dem 14. Jahrhundert bestehende St. Thomas' Hospital in London. Florence wurde zu einer Person höchster öffentlicher Bewunderung. Gedichte, Lieder, Theaterstücke wurden zu Ehren der Heldin geschrieben. Junge Frauen wurden dazu inspiriert, ihr nachzustreben, und ihrem Beispiel folgend ließen sich auch Frauen hoher Gesellschaftsschichten in der Pflegeschule einschreiben. Dank Nightingales Bemühungen war Krankenpflege in den oberen Schichten nun nicht mehr verpönt, sondern avancierte im Gegenteil zu einer ehrenvollen Berufung.

Während des Aufenthalts in Scutari hatte sich Nightingale mit dem „Krim-Fieber“ infiziert, das sich zu einem dem der Myalgischen Enzephalomyelitis (ME)/dem Chronischen Erschöpfungssyndrom (CES)/dem Chronic Fatigue Syndrome (CFS) ähnlichen Krankheitsbild entwickelte und sie ab ihrem 38. Lebensjahr an das Bett fesselte. Dennoch setzte sie unerschütterlich ihre Arbeit zur Verbesserung des Gesundheitssystems und zur Linderung von Patientenschicksalen fort, führte dazu auch Gespräche mit Politikern und hochgestellten Persönlichkeiten. 1859 publizierte sie ihre *Anmerkungen zu Krankenhäusern*, die sich auf die richtige Führung ziviler Spitäler konzentrierte.

Während des US-Bürgerkriegs wurde sie häufig um Rat gefragt, wie man am besten Feldlazarette führen könnte. Nightingale blieb bis zu ihrem Lebensende eine Autorität bei Fragen zur öffentlichen Gesundheit – ja sogar für das Zivil- und Militärwesen im damals britisch besetzten Indien, obwohl sie selbst nie dort gewesen war.

Im Alter von 88 Jahren wurde ihr von König Edward VII. das Ehrenverdienstzeichen verliehen und im Mai 1910 erhielt sie eine persönliche Grußbotschaft von König Georg V. anlässlich ihres 90. Geburtstags.

Am 13. August 1910 verstarb Florence Nightingale in ihrem Heim in London. Typischerweise hatte sie angeordnet, ihr Begräbnis möge still und bescheiden ablaufen. Man respektierte ihren letzten Wunsch, und die Familie vermied ein öffentliches Ehrenbegräbnis. „The Lady with the Lamp“ fand in der Familiengruft der St. Margaret‘s Church von East Wellow (Hampshire) ihre letzte Ruhestätte.

So viel also zur berühmten CES-Patientin Florence Nightingale. Warum aber kommt ein solches Porträt in diesem Buch vor? Nun, jede Erkrankung, die den Zusatz „chronisch“ trägt, hat eine besondere Qualität, uns zu beunruhigen. Speziell unsere gegenwärtige Zeit mit ihren vielfach völlig utopischen Ansprüchen auf umfassenden Wohlstand, Perfektion und Sicherheit trägt dazu bei, dass die Endgültigkeit des Begriffes „chronisch“ erschreckend wirkt. „Nie wieder ganz gesund!“ wäre die Übersetzung davon.

Exakt an dieser Stelle ist gerade die Lebensgeschichte der Florence Nightingale ein starkes Gegenmodell, das da lautet: „Nie wieder ganz gesund – na und?!“ Als Aufruf, als Mutmacher und als Bestätigung, dass sich Lebenskraft in jeder Lebensphase lohnt. Selbst in solchen, die schwachen Geistern als zutiefst entmutigend erscheinen mögen.

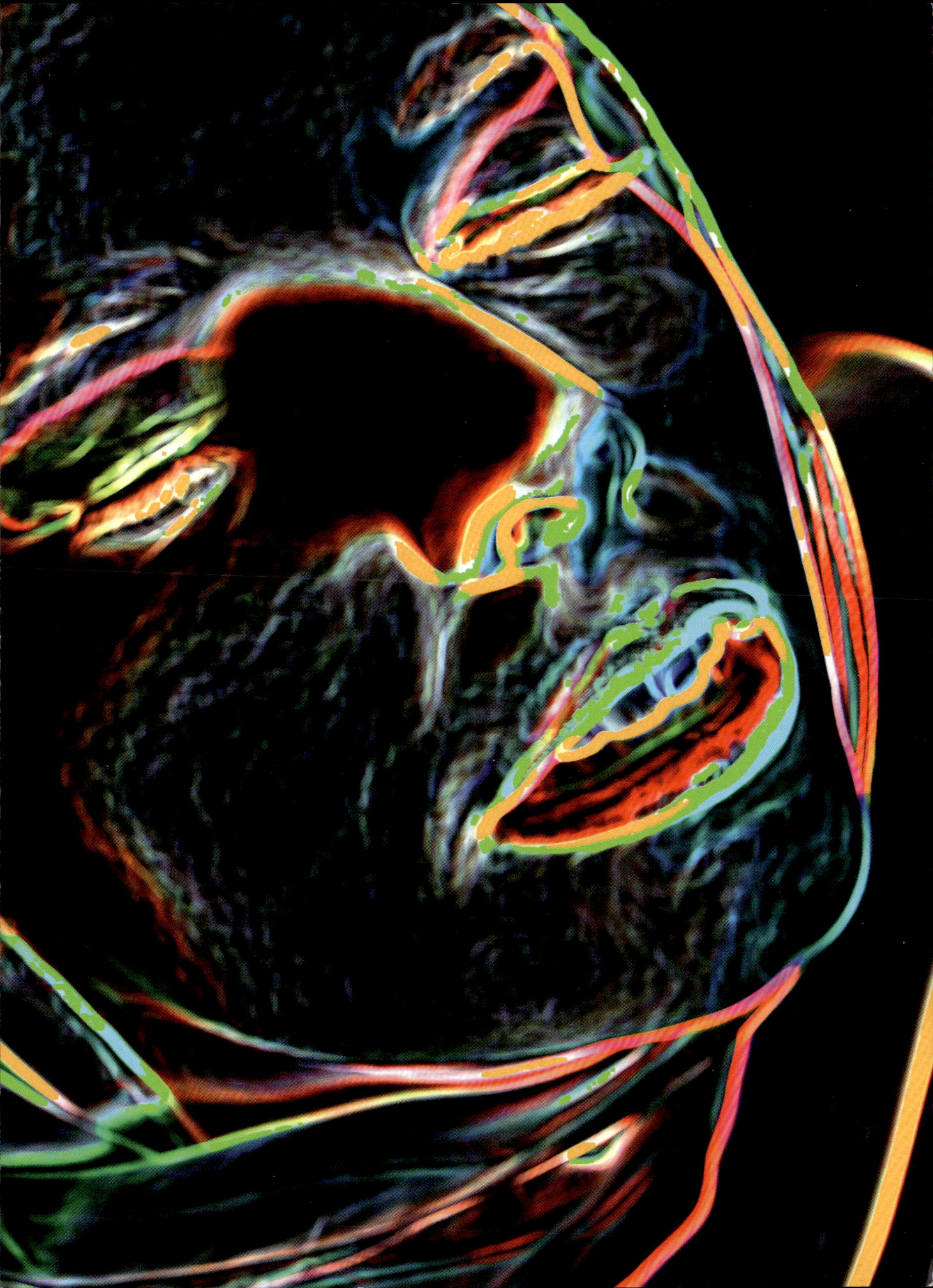

Definitionsversuche

Die ICD-10-Version 2013 – eine internationale statistische Klassifikation von Krankheiten und verwandter Gesundheitsprobleme – beschreibt das CES unter G93.3 (sonstige Krankheiten des Nervensystems) als chronisches Müdigkeitssyndrom, benigne myalgische Enzephalomyelitis, chronisches Müdigkeitssyndrom bei Immundysfunktion und postvirales Müdigkeitssyndrom.

Die Erkrankung betrifft mehr als doppelt so viele Frauen wie Männer im Alter zwischen 25 und 45 Jahren. In seltenen Ausnahmen tritt sie auch einmal im Kindes- und Jugendalter oder später im höheren Alter auf. Die Prävalenz (Häufigkeit) beträgt 0,1 bis 0,3 % der Bevölkerung.

Während man auf der Homepage des ECDC (European Center for Disease Control) – es finden sich dort vor allem (manipulierende?) Hinweise auf „politisch relevante" Erkrankungen – vergeblich nach dem CFS/CES sucht, wird man beim US-amerikanischen Pendant CDC fündig. Daher machen wir dort weiter, wo es Informationen gibt.

Die CDC definiert wie folgt: Das Chronic Fatigue Syndrome (CFS) ist eine schwächende und komplexe Erkrankung, charakterisiert durch massive Müdigkeit, die sich unter Bettruhe nicht bessert, die sich unter physischer oder mentaler Belastung verschlechtern kann. Die Symptome betreffen verschiedene Körpersysteme und können Folgendes beinhalten: (physische) Schwäche, Muskelschmerzen, Gedächtnisverlust und/oder Konzentrationsstörungen sowie Schlaflosigkeit, weswegen die Fähigkeit, an alltäglichen Aktivitäten teilzunehmen, verhindert sein kann.

Die Forschung war bislang nicht in der Lage, zu identifizieren, wodurch das CES ausgelöst wird, und es gibt auch keine diagnostischen Tests. Da Müdigkeit bei vielen Erkrankungen ein häufiges Symptom darstellt, muss eine erhebliche Zahl von Erkrankungen ausgeschlossen werden, ehe man von einem CES sprechen kann.

Definition aus dem Jahr 1994

Inzwischen gibt es eine Reihe von Definitionsversuchen, wann denn nun tatsächlich ein CES vorliegt. Einer der wichtigsten wurde bereits im Jahr 1994 entwickelt: die Fukuda-Kriterien. Ein klarer Hinweis, dass sich trotz dichter wissenschaftlicher Spekulationen während der letzten Jahre auf der internationalen Bühne noch nichts Substantielles getan hat.

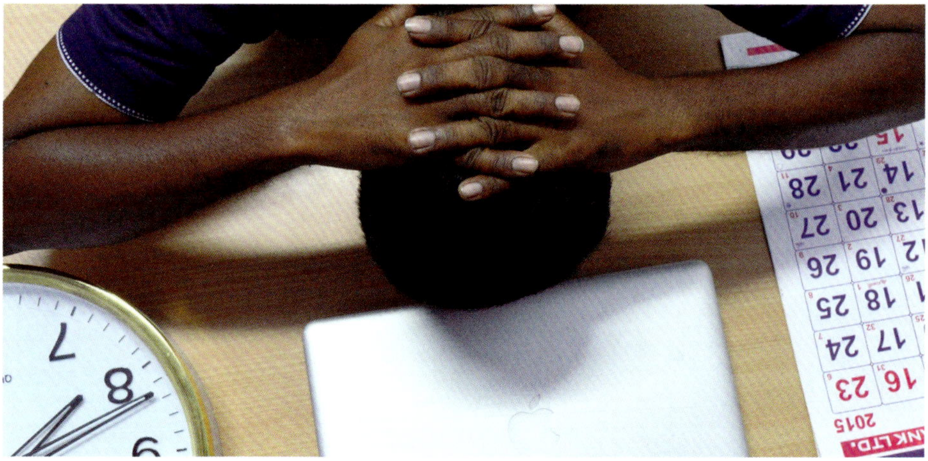

Grundsätzlich weisen natürlich alle Definitionen Müdigkeit oder Erschöpfung als führendes Kardinalsymptom auf. Im Detail sind folgende Kriterien gelistet:

1. Es besteht massive Müdigkeit über mehr als 6 Monate, die nicht auf körperliche Überlastung oder andere Erkrankungen zurückgeführt werden kann, die mit Müdigkeit einhergehen.
2. Die Müdigkeit stört wesentlich bei alltäglichen Aktivitäten und der Arbeit.
3. Es treten zusätzlich 4 der folgenden 8 Symptome auf:
   - Erschöpfung nach körperlicher Anstrengung dauert länger als 24 Stunden
   - Unerholsamer Schlaf
   - Signifikante Probleme mit dem Kurzzeitgedächtnis und/oder der Konzentrationsfähigkeit
   - Muskelschmerzen
   - Gelenkschmerzen ohne die Entzündungszeichen Schwellung und Rötung
   - Kopfschmerzen eines neuen Typus mit neuer Verteilung oder Intensität
   - Auffällige Lymphknotenschwellung in Nacken oder Achsel
   - Häufig wiederkehrender Halsschmerz

Diese Symptome sollten sich über 6 Monate oder länger erstreckt haben und dürfen nicht schon vor der Müdigkeit aufgetreten sein.

Darüber hinaus gibt es unspezifische Symptome niedriger Ordnung, die bei CES-Patienten auftreten können. Dazu zählen:

- Bauchschmerz
- Alkoholintoleranz
- Blähungen
- Brustkorbschmerzen
- Chronischer Husten
- Durchfall
- Benommenheit
- Trockene Augen oder Mundschleimhaut
- Ohrenschmerzen
- Herzrhythmusstörungen
- Kiefer(gelenk)schmerzen
- Morgendliche Gelenksteifheit
- Übelkeit
- Nachtschweiß
- Psychische Probleme wie Depression, Reizbarkeit, Angststörungen, Panikattacken
- Kurzatmigkeit
- Hautsymptome wie Jucken
- Gewichtsverlust

Nicht nur der kritische Leser wird an dieser Stelle vermutlich anmerken, dass dies vor allem Ausdruck mangelnder Präzisionsschärfe sein muss, wenn derartig allgemeine Symptome oder häufige Erkrankungen (Angst, Depression) angeführt sind.

Diese Definition aus 1994 basiert vereinfacht geschrieben auf der Essenz ärztlichen Wissens aus Klinik und Forschung sowie auf den Erfahrungen der Selbsthilfegruppen. Primär wurden die Kriterien zwar für Forschungsstudien entwickelt, wurden dann aber auch in der klinischen Praxis eingesetzt. Sie fanden seit 1994 eine immer breitere Zustimmung und Verwendung (auch international), eine gewisse Adaptierung erfuhren sie durch die differenzierten Kriterien speziell für CES bei Kindern. Andere, spätere Definitionsversuche enthalten ähnliche Kriterien und unterscheiden sich mehr in der Gewichtung, die einzelnen Symptomen zugeordnet wird. Damit ist dieser 1994er-Status nicht nur die Grundlage für Forschungsprojekte zum CES, sondern letztlich auch Diagnoseleitlinie in der ärztlichen Praxis.

Aber es gibt auch sogenannte Ausschlusskriterien für ein CES – das heißt, dass unter bestimmten Bedingungen die Diagnose nicht gestellt werden darf:

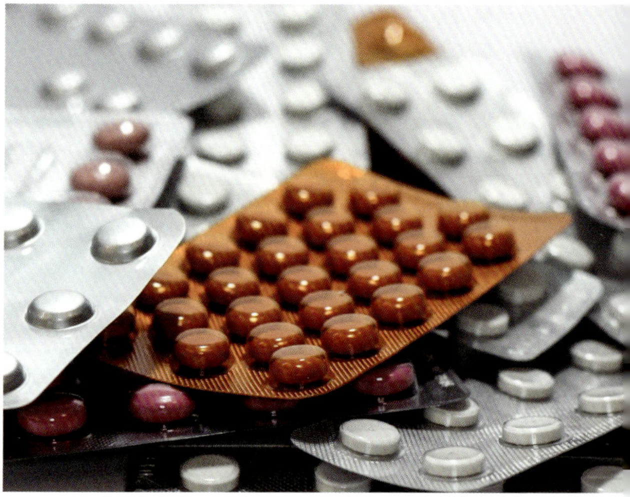

1. Jeder andere medizinische Hintergrund, der eine Erklärung für das Auftreten chronischer Müdigkeit darstellen könnte, wie etwa unbehandelte Schilddrüsenschwäche (Hypothyreoidismus), Schlafapnoe, Narkolepsie sowie iatrogene Ursachen (unerwünschte gesundheitliche Folgen einer ärztlichen Behandlung) wie die Nebenwirkung von Medikamenten.
2. Weiters können Erkrankungen zu Rückfällen führen oder nicht auskuriert sein (man denke etwa an die lange Rekonvaleszenz beim Pfeiffer'schen Drüsenfieber), was ebenfalls zum Auftreten chronischer Müdigkeit führen kann. In diesen Fällen soll die Diagnose CES nicht gestellt werden. In diese Kategorie fallen auch Krebserkrankungen oder chronische Verläufe von Hepatitis-B- oder-C-Infektionen.
3. Jede der folgenden, vorangegangenen Diagnosen:
   - Depression (major depression) mit psychotischen oder melancholischen Episoden
   - Bipolar affektive Erkrankungen
   - Schizoaffektive Psychosen/Schizophrenie aller Ausprägungen

- Wahnhafte Störungen jeder Ausprägung
- Dementielle Störungen jeder Ausprägung
- Anorexie (Magersucht) oder Bulimie (Ess-Brech-Sucht)

4. Substanzmissbrauch (inkl. Alkohol) 2 Jahre vor oder wann auch immer nach dem Auftreten der Symptome.
5. Schwere Fettsucht mit einem BMI (Body Mass Index) von 45 oder mehr.
6. Schließlich ist jede Normabweichung, die den geringsten Zweifel aufkommen lässt, spezifisch abzuklären, ehe ein CES diagnostiziert werden kann.

Nicht zuletzt gibt es auch Kriterien, die auftreten können, aber eine CES-Diagnose NICHT ausschließen:

1. Jede Symptomlage, die nicht primär durch Labortests bestätigt werden kann, inklusive Fibromyalgie, Angststörungen, somatoforme Störungen, nicht psychotische oder melancholische Depression, Neurasthenie und vielfache Chemikalienunverträglichkeit (multiple chemical sensitivity disorder).
2. Jede Situation, bei der verifiziert werden kann, dass eine Grunderkrankung wie Hypothyreose oder Asthma bereits adäquat therapiert wird.
3. Alle Fälle von Lyme-Syndrom oder Syphilis, die vor Auftreten neuer chronischer Symptome adäquat behandelt wurden.
4. Jedes isolierte, nicht erklärbare Ergebnis physikalischer, labortechnischer oder bildgebender Untersuchungen, das nicht definierten Ausschlusskriterien zuordenbar ist. Dazu gehören etwa erhöhte antinukleäre Antikörper-Titer ohne zusätzliche laborchemische oder klinische Evidenz, die auf eine Bindegewebserkrankung hinweist.

Die neuen Kriterien – das Ende der „Müdigkeit“?

Aktuellere Definitionskonzepte sind die *„Clinical Canadian ME/CFS Case Definition“* aus dem Jahr 2003 und die *„International Consensus Criteria for Myalgic Encephalomyelitis“* aus dem Jahr 2011. Letztere muss man einem Neurologieexperten nicht unbedingt näherbringen, da er sie sicher aus dem Effeff kennt. Der interessierte Laie soll aber hier zum Teil mit einem gewissen Augenzwinkern durch die aktuellen Änderungen in der Betrachtung des „Ja-wie-soll-man-es-denn-nun-nennen-Syndroms“ geführt werden, ohne den zu Gebote stehenden Ernst allzu sehr zu vernachlässigen.

Trendwende 2011 oder einfach Altes in neuem Kleid? Das sagt der internationale Konsensus aus 2011 zum Begriff CES/CFS:

„... betrachtet man die jüngere Forschung und klinische Erfahrung, handelt es sich um eine weitverzweigte Entzündung mit einer multisystemischen Neuropathologie. Es scheint daher eher angebracht und korrekt, die Bezeichnung „Myalgische Enzephalomyelitis“ (ME) zu verwenden, da dieser Begriff einen Bezug zur dahinterliegenden Pathophysiologie herstellt.“ Das steht auch im Einklang mit der WHO-Klassifikation nach ICD-10 als neurologische Erkrankung (ICD 93.3). Darauf folgt dann eine Aufzählung der wissenschaftlichen Selbstwichtigkeit der Kommission, die die Kriterien erarbeitet hat: Sie kam aus 13 Ländern, bestand aus Klinikern, Forschern und Lehrenden an Universitäten – und ein unabhängiger Patientenvertreter durfte auch dabei sein. Sie zusammen repräsentierten rund 400 Jahre medizinische Erfahrung. Hunderte Publikationen wurden durchgesehen, die wiederum etwa 50.000 Patienten mit – nunmehr ME – umfassten. Nicht fehlen darf der Hinweis auf die Unabhängigkeit von Sponsorings aus der Pharmaindustrie. Das ist aber insofern nicht verwunderlich, da die Pharmaindustrie ja keine Lösung des Problems anzubieten hat, infolgedessen am Ergebnis derartiger Kommissionen nicht ausreichend interessiert ist, um Geld fließen zu lassen. Und das alles, um lediglich ein geringfügig klareres Bild dieser Erkrankung bei Erwachsenen und Kindern entstehen zu lassen.

Grundlage waren die kanadischen Konsensus-Kriterien aus dem Jahr 2003, die allerdings wesentlichen Änderungen unterzogen wurden. Fallengelassen wurde zunächst das „Abwartekriterium" von 6 Monaten, ehe eine Diagnose zu stellen ist. Gegenüber den Patienten zumindest eine Art Gnadenakt, der eine Diagnose gegebenenfalls auch früher ermöglicht, wenngleich Ausschlussdiagnosen, wie es die ME darstellt, ihre Zeit dauern können. Aus Forschersicht bedeuten raschere Diagnosen natürlich gegebenenfalls Möglichkeiten, sich mit den Frühstadien der Erkrankung intensiver auseinanderzusetzen. Aus Patientensicht führt die frühe Diagnose zu rascherer Behandlung und damit zu möglicherweise verminderter Ausprägung. Wie der Terminus ME schon ahnen lässt, geht es aber vor allem der „Fatigue" – in unserem Falle der „Erschöpfung" – an den Kragen.

Man argumentierte, dass es die Müdigkeit nur im Falle der ME/CFS geschafft hätte, stets im Zusammenhang mit der Grunderkrankung genannt zu werden, wo sie doch auch im Kontext mit Krebs, MS und anderen „ermüdenden" Krankheitsbildern häufig auftreten würde. Müdigkeit sei eine grundsätzlich normale Reaktion auf Anstrengung, würde nach eine Ruheperiode wieder verschwinden, um bei ähnlicher Belastung etwa am nächsten Tag wieder aufzutreten. Das Spezifikum der „ME-Müdigkeit" hingegen sei es, schon bei minimaler körperlicher oder geistiger Belastung aufzutreten und dann durch ihr Fortbestehen zu verhindern, dass weitere Aktivitäten gesetzt werden können.

Die Internationalen Konsensus-Kriterien aus 2011 (ICC-2011) beschreiben nach eigenen Angaben die „einzigartigen und unverwechselbaren charakteristischen Muster von Symptomclustern bei ME". Das soll eine frühere suffiziente Diagnose ermöglichen. In der Folge wird hier – wie schon zuvor – nicht wörtlich übersetzt, denn auch die beste Übersetzung tut sich schwer, sprachkulturelle Spezifika wiederzugeben. Nicht zuletzt geht es hier ja nicht um ein wissenschaftliches Kompendium, sondern um einen aktuellen Überblick, was sich denn nun in der Welt eines Krankheitsbildes tut, das nicht mehr primär die Müdigkeit auf seine Fahnen heften darf.

Die myalgische Enzephalomyelitis enthält bereits etymologisch eine Menge Informationen. „My" weist auf die Muskulatur hin. Das „algie" berichtet von Schmerzen. „Myalgie" steht somit für Muskelschmerzen. „Enzephalo" repräsentiert das Gehirn, das „myel" die Nervensubstanz Myelin und „itis" kennt jeder als Ausdruck einer Entzündung. Summa summarum ist die Nervensubstanz im zentralen Nervensystem durch Entzündungsvorgänge geschädigt. Hier verwundert die Selbstsicherheit der internationalen Begriffsentwickler, denn es gibt eine erhebliche Zahl an Erkrankungen oder Zustandsbildern, bei denen es zu Muskelschmerzen kommt. Gleichfalls sind Entzündungsvorgänge im zentralnervösen Bereich nicht unbedingt selten. Immerhin zeichnet der Terminus für mehr oder weniger Eingeweihte ein (extrem ungenaues) Grobbild.

Definitionsgemäß handelt es sich um eine erworbene neurologische Erkrankung mit komplexen Funktionsstörungen. (Anm. des Autors: Im Original steht „komplexe weltweite Dysfunktion", was hier mangels Sinnnachvollziehbarkeit bewusst weggelassen wurde.) *Zugrunde liegt eine pa-*

thologische Dysregulation des nervösen Immun- und endokrinen Systems mit gestörtem zellulären Energiestoffwechsel und Ionen-Transport als wesentliche Charakteristika. Kurze Übersetzung: Es gibt also Störungen, die das Nervensystem, die Körperabwehr und die Ausschüttung von Hormonen und/oder Nachrichtensubstanzen im Körper betreffen. Die Produktion von Energie im Inneren von Zellen ist gestört. Der Ionen-Austausch wird hier bewusst unterschlagen.

Obwohl die Anzeichen und Symptome dynamisch interaktiv und kausal verbunden sind, sind die Kriterien nach pathophysiologischen Regionen gegliedert, um einen besseren Überblick zu gewährleisten. Sinngemäß: Alles steht mit allem in irgendeinem Zusammenhang. Aber das wäre zu verwirrend, weshalb man versucht hat, irgendeine Art der Ordnung in die sehr unterschiedlichen Symptome zu bringen.

Die kleine Prise Respektlosigkeit ist hier gewollt, denn wer die Dinge allzu ernst nimmt, nimmt ihnen den eigentlichen Sinn, und wer schon länger in der Medizin bewandert ist, weigert sich letztlich, zu beurteilen, was denn tatsächlich der Wahrheit letzter Schluss ist, wo sie sich doch so rasch verändert – diese Wahrheit.

Der ME-Patient muss Folgendes aufweisen:

- EIN Kriterium von neuroimmunogener Erschöpfung nach Anstrengung (A).
- Zumindest ein Symptom aus drei neurologischen Störungskategorien (B).

- Zumindest ein Symptom aus drei immunogenen/gastrointestinalen/urogenitalen Störungskategorien(C).
- Zumindest ein Symptom einer Energie-Stoffwechsel-/-Transport-Störung.

Die Kriterienliste:

A. Neuroimmunogene Erschöpfung nach Anstrengung (= post-exertional neuroimmune exhaustion = PENE)
Das Kardinalkriterium ist hier letztlich, dass die erforderliche Energieproduktion im Bedarfsfall nicht gewährleistet ist, was zu Konsequenzen insbesondere im neuroimmunogenen Bereich führt.
   1. Markante, rasch eintretende körperliche oder geistige Ermüdbarkeit bei Anstrengung.
   2. Symptomausbruch nach Anstrengung *(gemeint sind etwa grippeähnliche, unspezifische Symptome, Schmerz oder die Verschlimmerung bereits existierender Symptome).*
   3. Erschöpfung nach Belastung *(sofort oder verzögert nach Stunden oder erst Tagen).*
   4. Verlängerte Erholungszeit *(sie dauert 24 Stunden oder länger, Rückfälle können auftreten).*
   5. Schwellenabsenkung der physischen oder mentalen Ermüdbarkeit (verminderte Ausdauer) mit substantiell verminderter Performance im Vergleich zu der Zeit vor der Erkrankung.

B. Neurologische Störungen
   1. Neurokognitive Störungen
      a) Verminderte Informationsverarbeitung – *Denkstörungen, verminderte Konzentration, Verwirrung, Desorientiertheit, Entscheidungsschwäche, Sprachverzögerung, belastungsbedingte Leseschwäche.*
      b) Verlust des Kurzzeitgedächtnisses – *Probleme, sich zu erinnern, was man gerade sagen wollte, jemand anderer gesagt hat, Wortfindungsstörungen u.a.*
   2. Schmerz
      a) Kopfschmerz – *chronisch generalisierte Kopfschmerzen inkludieren oftmals die Augen, den Augenhintergrund oder den Hinterkopf, was*

mit zervikaler Muskelspannung, Migräne oder Spannungskopfschmerz vergesellschaftet sein kann.

b) „Signifikanter" Schmerz – *Muskel, Muskel-Sehnen-Bereich, Gelenke, Bauchraum oder Brustkorb, nicht entzündlich, oft wandernd, z.B. generalisierte Hyperalgesie, myofaszial oder ausstrahlend.*

3. Schlafstörungen
   a) Gestörtes Schlafmuster: *Schlaflosigkeit, vermehrter Schlaf, Schlaf-Wach-Umkehr, häufiges Aufwachen, viel früheres Aufwachen als vor der Erkrankung, extreme lebhafte Träume/Albträume.*
   b) Unerholsamer Schlaf: *Tagesschläfrigkeit, erschöpftes Aufwachen unabhängig von Schlafdauer.*

4. Neurosensorische, Wahrnehmungs- und motorische Störungen
   a) Neurosensorium/Wahrnehmung – *Störung des Scharfsehens, erhöhte Empfindlichkeit gegen Licht, Lärm, Vibrationen, Geruch, Geschmack oder Berührung u.a.*
   b) Motorisch – *Muskelschwäche, Zuckungen, Koordinationsschwäche, Standunsicherheit, Ataxie/überschüssige Bewegungsmuster.*

C. Immunogene, gastrointestinale und urogenitale Störungen

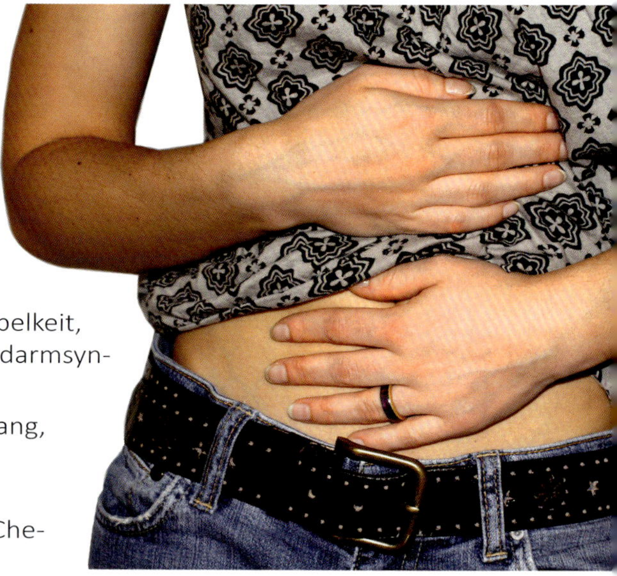

1. Grippeähnliche Symptome – bei Belastung wiederkehrend, chronisch oder intensiver werdend, neu auftretend.
2. Erhöhte Anfälligkeit für Virusinfekte mit verlängerter Rekonvaleszenz.
3. Gastrointestinale Symptome: Übelkeit, Bauchschmerz, Blähungen, Reizdarmsyndrom.
4. Urogenitale Symptome: Harndrang, nächtliches Harnlassen.
5. Erhöhte Empfindlichkeit auf Nahrungsstoffe, Gerüche oder Chemikalien.

D. Störungen von Energie-Produktion oder -Transport

1. Kardiovaskulär – *orthostatische Störungen, niedriger Blutdruck, orthostatische Tachykardie. Herzklopfen mit oder ohne Herzrhythmusstörungen, Schwindel.*
2. Atmung – *Lufthunger, Müdigkeit der Atemmuskulatur, angestrengtes Atmen/Atemnot.*
3. Verlust der Thermostabilität – *Untertemperatur, Tagesschwankungen, kalte Extremitäten, Schweißausbrüche, Fiebergefühl mit oder ohne Temperaturerhöhung.*
4. Intoleranz gegen Extremtemperaturen.

Überlegungen zu Kindern

Die Symptome entwickeln sich bei Kindern langsamer als bei Teenagern oder Erwachsenen. Zusätzlich zur neuroimmunogenen Erschöpfung nach Anstrengung neigen die meisten Symptome dazu, neurologisch zu sein: vor allem Kopfschmerzen, Denk- und Schlafstörungen.

1. Kopfschmerzen – *schwere oder chronische Kopfschmerzen schwächen oft, Migräne kann begleitet sein von raschem Temperaturabfall, Zittern, Erbrechen, Durchfall und intensivem Schwächegefühl.*
2. Neurokognitive Störungen – Fokusschwäche, Leseschwäche bei Ermüdung, eine langsame Informationsverarbeitung erschwert Notizen oder das Befolgen gehörter Anweisungen, alle Probleme dieser Art verschlimmern sich bei physischer/mentaler Belastung, die jungen Leute sind nicht in der Lage, einen vollen Schulablauf zu absolvieren.
3. Schmerz scheint unregelmäßig aufzutreten und zu wandern.

Schon 2006 empfahl die IACFS (International Association of Chronic Fatigue Syndrome) bei Kindern mit Verdacht auf ME/CFS den raschen Ausschluss folgender Erkrankungen: Schilddrüsenunterfunktion, Myokarditis/Herzmuskelentzündung, Allergien (Rhinitis/Sinusitis), Infektionen (Bakterien, Viren Pilze), Autoimmunerkrankungen (rheumatoider Formenkreis, Zöliakie).

Was bei Kindern in der Praxis empfehlenswert ist:

1. Möglichst beide Elternteile befragen, weil sich jeder an andere Dinge erinnert.
2. Man darf von Kindern nicht erwarten, dass sie in der Lage

sind, ihr Leistungsniveau vor der Erkrankung allzu detailliert einzuschätzen. Es hilft, das Ausmaß von Hobbys, sozialen und sportlichen Aktivitäten zu vergleichen.

3. Kinder können sehr irritiert reagieren, wenn man von ihnen im Erschöpfungszustand Leistung verlangt. Andererseits können erforderliche Ruheperioden, die sie sich gönnen, als Faulheit fehlgedeutet werden.
4. Schul-Phobie: ME-Patienten verbringen die meiste Freizeit mit Ausruhen, während Schulphobiker außerhalb der Schule normal an Aktivitäten teilnehmen. Gegebenenfalls kann aber eine ME über Leistungsschwäche und mangelndes Mithaltenkönnen sekundär zur Schulphobie führen.
5. Natürlicher Verlauf: Kinder können stark betroffen sein, aber jene, bei denen die Symptome mild oder mäßig ausgeprägt sind, erleben eher eine Remission als Erwachsene. Sichere Prognosen können aber nicht erstellt werden.

Was zeigen uns diese Ausführungen zu den Definitionsversuchen rund um die ME (CFS/CES)? Nun, die Überlebenszeit der Wahrheit in der Medizin ist schlichtweg begrenzt. Das Bessere ist der schlimmste Gegner der Guten, und auch wenn beim European Center for Disease Control zu dieser Erkrankung gar nichts steht und beim US-amerikanischen CDC Dinge, die schlichtweg veraltet sind, so bleibt unter dem Strich auch in Bezug auf die ICC-2011 der bittere Teil der Wahrheit, den alle „Definitionsschulen“ miteinander teilen und über den die unterschiedlichen Katalogisierungen oder Gewichtungen der Symptome nicht hinwegtäuschen können: Niemand weiß, warum da was im Organismus geschieht.

Daran ändert auch die bislang letzte „Namensänderung“ SEID (Systemic Exertion Intolerance Disease) aus dem Jahr 2015 nichts.

Letztlich hinterlassen die löblichen Wissenschaftler mit ihren Interpretationen mehr Fragen als Antworten, denn das weiß jeder auch ohne akademische Weihen: Wenn ich den Fehler in meinem Auto nicht finde, kann ich es nicht reparieren. Wenn ich ihn aber nicht erkenne, kann ich ihn auch nicht finden. Das mag aus akademischer Sicht ja durchaus „interessant“ erscheinen, aber aus Betroffenensicht ist das wenig befriedigend, denn wer krank ist, möchte behandelt werden – rasch und effizient!

Betroffen – was nun?

Tatsache: Noch vor wenigen Jahren galt das CFS als eine „psychische" Erkrankung oder zumindest eine der Psyche sehr nahestehende. Tatsächlich war die alte Bezeichnung „Chronisches Erschöpfungssyndrom" unglaublich verführerisch für einen journalistischen Denkbogen, der da lautet: Arbeit macht müde – viel Arbeit macht sehr müde – zu viel Arbeit macht Erschöpfung – viel Erschöpfung macht krank. Im Grunde nicht falsch, aber eher anzuwenden auf das Burn-out-Syndrom als auf das CES – pardon, heute die ME (myalgische Enzephalomyelitis)

Ein weiterer Denkfehler bestand in der Zuordnung, ME/CFS wäre eine psychosomatische Erkrankung oder eine vorwiegend psychische.

Freilich, das Leitsymptom etwa der morgendlichen Antriebslosigkeit verleitet zum Denkschluss, es könnte sich um eine Depression handeln. Tatsächlich gibt es Fälle, wo Patienten mit sehr geringen Dosen an Antidepressiva eine gewisse Linderung erfahren, insbesondere in Richtung der Linderung von Schmerzzuständen. Das allerdings macht die ME/CFS noch lange nicht zur Depression.

Betroffene neigen dazu, sich zu organisieren. In Österreich sucht man vergeblich nach einer Selbsthilfegruppe. Die Suche im Internet führt nach

Deutschland, wo „Fatigatio“ speziell für Betroffene Informationen sammelt und zur Verfügung stellt.

Fatigatio e.V.
Bundesverband Chronisches Erschöpfungssyndrom (CFS/CFIDS/ME)
D-10117 Berlin, Albrechtstr. 15
E-Mail:*info@fatigatio.de*
Domains: *www.fatigatio.de* & *www.cfs-forum.info*

Ein Positionspapier (Quelle: fatigatio.de) fasst die wichtigsten Daten und Fakten zusammen. Der Originaltext ist hier geringfügig adaptiert:

Zur Häufigkeit

Epidemiologische Studien deuten auf eine hohe Prävalenzrate hin. Eine Studie unter 28.000 erwachsenen Amerikanern ergab eine Rate von 422 CFS-Fällen pro 100.000 Personen. Nach Einschätzung der staatlichen US-Behörde für Krankheiten und Prävention (CDC) sind in den USA über 4 Millionen Menschen von ME/CFS direkt betroffen.

In Deutschland geht man nach einer Studie des Bundesministeriums für Gesundheit aus dem Jahre 1993 von einer Prävalenz von 0,3 % aus, also mindestens 300.000 Erkrankte. Macht in der Relation für Österreich rund 30.000 Betroffene. ME/CFS tritt damit häufiger auf als Lungenkrebs oder Aids. Von der Krankheit sind alle Altersgruppen einschließlich Kinder, alle ethnischen Gruppen und Menschen aller sozioökonomischen Schichten betroffen. Eine Häufung in Familien gibt Hinweise, dass eine genetische Disposition vorliegt. Etwas häufiger erkranken Frauen als Männer, der Altersgipfel liegt in der Altersgruppe zwischen 20 und 45 Jahren.

Die Mehrzahl der Patienten konnte sich vor dem Ausbruch der Erkrankung eines Lebens voller Gesundheit und Aktivität erfreuen. Vorausgehende Ereignisse sind ständige Infekte, Impfungen, Narkosen, körperliche Traumata, langanhaltender Stress, Exposition von Toxinen wie Umweltgifte oder Chemikalien. Häufig tritt in den Fällen mit akutem Beginn eine rapide und dramatische Verschlechterung des Gesundheitszustandes auf, während bei anderen Betroffenen der Beginn eher schleichend ist.

In einer Übersichtsstudie zur Prognose besagen 5 von 6 Studien, dass 0 bis 6 % der Erwachsenen auf das ursprüngliche Funktionsniveau zurückkehren. Auch nach einer Remission können Rückfälle auftreten. Meist jedoch erholen sich die Wenigsten auf das Aktivitätsniveau vor dem Ausbruch der Erkrankung. Nur wer auf seine eigene Belastungsgrenze achtet, kann mit massiven Einschränkungen ein „normales Leben" führen, häufig jedoch ohne seine Erwerbsfähigkeit wiederzuerlangen. Je schwerer die Symptome und je länger die ME/CFS-Erkrankung anhält, umso eher kommt es zu vielfältigen Funktionsstörungen insbesondere des Immun- und autonomen Nervensystems. Das kann so ausgeprägt sein, dass es zu Bettlägerigkeit führt, in ganz schweren Fällen sind die Vitalfunktionen Nahrungsaufnahme und Atmung bedroht und es gibt Todesfälle durch CFS. Ein weiterer Risikofaktor ist der Suizid, da besonders junge Menschen mit einer dermaßen einschränkenden und lähmenden Krankheit keine Zukunftsperspektive sehen und den körperlichen und geistigen Verfall nicht akzeptieren.

Für Kinder und Jugendliche sind die Prognosen besser.

Es liegen mittlerweile über 5000 Studien weltweit zum CFS vor, die belegen, dass CFS eine Multisystemerkrankung mit Störungen im Immun- und autonomen Nervensystem ist. Eine neuere deutsche Studie der Berliner Charité zeigte Auffälligkeiten in der Immunantwort gegen das EBV-Virus (Eppstein-Barr- Virus, Pfeiffer'sches Drüsenfieber).

Die Erkrankung beginnt bei vielen Patienten mit einer Immunaktivierung durch eine Infektion. Eine aktuelle Studie der Charité zeigt, dass 40 % der Patienten einen Immundefekt mit einem Mangel an Antikörpern oder Komplementfaktoren aufweisen. Eine gestörte Immunregulation mit persistierender (fortwährender) Immunaktivierung zeigt sich bei vielen Patienten. Ferner lässt sich eine verminderte Funktion der natürlichen Killerzellen feststellen. Es finden sich auch Autoantikörper gegen Schilddrüse (30 %) oder Neurotransmitter. Eine Besserung der Symptome durch Depletion (Entfernung) von B-Zellen mit Rituximab® spricht ebenfalls für einen autoimmunologischen Prozess.

Untersuchungen belegen eine gestörte Mitochondrienfunktion möglicherweise als Folge von nitrosativem und oxidativem Stress. Es lässt sich häufig ein ATP-Mangel nachweisen, sodass Zellen nicht ausreichend Energie zur Verfügung steht. Im kranialen (zum Kopf gehörenden) MRT finden sich bei manchen Patienten Auffälligkeiten, nach einer aktuellen Studie zeigten sich mit einer empfindlichen Auswertung bei fast allen Patienten pathologische Veränderungen.

Diagnostik

ME/CFS wird bislang nur über klinische Symptome definiert. Was tatsächlich das Leitsymptom ist, hängt von der Definitions- und Denkschule ab. Lange Zeit war das Leitsymptom die schwere Fatigue, also eine krankhafte Form der Erschöpfung, die dysproportional zu einer vorausgegangenen Belastung steht.

Die aktuellsten Kriterien der Diagnostik sind die ICC-2011, zu denen eine Arbeit aus 2014 im British Medical Journal (KG Brurberg et al., Case definitions for chronic fatigue syndrome/myalgic encephalomyelitis (CFS/ME): a systematic review, BMJ Open 2014;4:e003973 doi:10.1136/bmjopen-2013-003973) allerdings kritisch anmerkt, es wären auf deren Basis noch keine Therapiestudien durchgeführt worden.

Als sehr charakteristisch für CFS gilt der Beginn in der Folge eines Infektes, der sich bei ⅔ der Patienten anamnestisch erheben lässt. Ebenso die tagelange Zunahme der Krankheitssymptome nach Belastung. Zur Abgrenzung zu anderen Formen der Erschöpfung sind differenzialdiagnostische Untersuchungen unbedingt erforderlich. Eine umfangreiche internistische, neurologische (einschl. kranialer MRT und PET), endokrinologische sowie immunologische Abklärung ist notwendig.

Häufig wird den Erkrankten aber eine umfangreiche Abklärung verweigert. Eine nicht unerhebliche Zahl wird dadurch gar nicht untersucht. Es kommt häufig zu vorschnellen anderen Diagnosen wie „Somatisierungsstörung" oder „Depression" – beides Diagnosen aus dem psychiatrischen Spektrum. Und ehe man auf die nachlässige Medizin schimpft: Natürlich gibt es eine Vielzahl an Depressionen, die etwa im Verbund mit Schmerzen auftreten. Sogar monosymptomatisch.

Die üblichen Blutuntersuchungen zeigen keine typischen Veränderungen und sind nicht richtungsweisend, Entzündungsparameter wie BSG oder CRP sind unauffällig im Bereich der Norm. Bei entsprechender Anamnese und Klinik sollte eine Immun- und Infektionsdiagnostik an geeigneten Kliniken durchgeführt werden.

Therapeutische Optionen

Bislang gibt es keine zugelassene Therapie, die die Krankheit heilen kann. Wichtig ist daher zunächst eine symptomorientierte Therapie, und Mangelzustände müssen erforderlicherweise beseitigt werden. Jede Form der Überlastung, die zu einem Krankheitsschub führen kann, ist zu vermeiden. Ein wichtiger Baustein in der Therapie ist auch die Infektkontrolle. Der B-Zell-depletierende Antikörper Rituximab konnte in einer kleinen Studie bei 10 von 16 CFS-Patienten eine deutliche Verbesserung erzielen, ist aber in Deutschland dafür nicht zugelassen. Für klinische Studien fehlt bislang das Interesse der Industrie.

Weiterhin hat sich ein Schulungsprogramm in England für CFS-Kranke bewährt. Die Einhaltung von „Pacing- und Copingstrategien" sowie individuelle Betreuung der Patienten führte bei 20 % zu einer lang anhaltenden Verbesserung. In verschiedenen Ländern wie in Norwegen, England, Amerika gibt es entsprechende Versorgungszentren.

Trotz angeblich fehlender Objektivierbarkeit der Beschwerden und trotz des teilweise gesunden Aussehens des ME/CFS-Erkrankten sollten die Beschwerden des Patienten ernst genommen werden. Eine Vielzahl von Studien belegt, dass CFS eine schwere Multisystemerkrankung mit vielfältigen Funktionsstörungen ist. Die frühere Anzweiflung des Status einer organischen Erkrankung ist längst hinreichend widerlegt worden. Inzwischen konnte auch die Effektivität einer immunologischen Behandlung in norwegischen Studien nachgewiesen werden.

Mittlerweile gibt es aber auch Neuentwicklungen im Bereich des ME/CFS, sei es nun bezüglich der Namensterminologie oder auch der ICC-2011-Kriterien (Internat. Consensus Conference).

2015 scheint in diesem Zusammenhang ein spannendes Jahr gewesen zu sein, denn ME/CFS bekam erneut einen „neuen Namen“, der vielleicht so schlecht gar nicht ist: *„SEID/Systemic Exertion Intolerance Disease“ (Systemische Belastungs-Intoleranz-Erkrankung).* Und es tun sich Dinge in Bezug auf neue diagnostische Ansätze – allerdings unter der Voraussetzung einer grundsätzlich frühen Diagnose.

Ohne jeden Zynismus muss man anmerken, dass es erfahrungsgemäß etwas „dauern“ wird, ehe diese Innovationen auch in Klinik und Praxis Einzug finden. Vor diesem Hintergrund wäre es natürlich sehr fein, wenn die Betroffenen deutlich mehr Druck machten. Man muss leider davon ausgehen, dass die Grauzone aus Nicht-Diagnosen und Fehl-Diagnosen relativ groß ist.

Das hat gute Gründe, die ein wenig an die „Frühzeit“ der Depression erinnern, als die Mehrheit der Bevölkerung das mehr oder weniger für eine hypochondrisch betonte Form der Faulheit hielt, oder an die Zeit, als man die PTBS (posttraumatische Belastungsstörung) erst salonfähig machen musste, da sie als „Tachinierertum“ abgetan wurde.

Daher an dieser Stelle einige Zeilen aus einem Blog mit Dank an die unbekannte Autorin – es wäre toll, wenn Menschen diese Dinge auf einer Pressekonferenz sagen würden, aber solche Pressekonferenzen finanziert niemand, solange mit der Therapie nicht das große Geld zu machen ist. Die Autorin beschreibt das mangelnde Verständnis ihres Umfeldes in Bezug auf ihre Erkrankung und die „guten“ Ratschläge, die sich Gesunde tatsächlich zu geben herausnehmen:

„Willst Du es nicht wieder versuchen mit dem Arbeiten, das würde dir guttun. Dann wärst Du abgelenkt ...“

„Willst Du nicht mal ‘ne Therapie machen, das hilft Dir vielleicht ...“

„Manche Menschen können nicht laufen, weil sie denken, sie können es nicht, aber es ist ihre Psyche, die sie am Laufen hindert ...“

„Willst Du es nicht doch mal mit einem Antidepressivum versuchen, vielleicht bist du ja doch depressiv und weißt es nur nicht.“

„Wer weiß schon, was dieses CFS ist. Man kann es nicht nachweisen. Vielleicht hast Du es gar nicht und bildest Dir diese Krankheit jetzt ein.“

„Ich fühle mich dann furchtbar einsam. Extrem traurig. Alle stehen mir dann so gegenüber und meinen, ich habe hier ein falsches Krankheitsverständnis. Und was macht man dann?“

„Ich komme mir dann vor wie Jodie Foster in „Flightplan“, die sagt, dass ihre Tochter mit im Flugzeug ist und ihr alle einreden, dass sie psychisch krank sei und sich das nur eingebildet hat ...“

„Mir tut es besonders weh, dass meine Mutter meine Krankheit überhaupt nicht versteht. In den ersten Monaten kam es ständig zu belastenden Streitereien. Meine Mutter ist 100 % überzeugt, dass das rein psychisch ist und es allein in meiner Hand liegt, gesund zu werden. Das ist so grausam.“

An dieser Stelle möchte ich mir als Kommentar ein sehr „persönliches Wort“ erlauben – nicht als Autor, sondern als komplementärmedizinischer Therapeut

und Mediziner. Leider leben wir heute in einer Zeit, in der die geistige Arroganz der Wissenschaft derart abgehoben ist, dass die Erfahrung der jungen Frau keineswegs verwundert. Unflexible Positionen wie jene der Mutter sind auch in der Medizin mehr denn je an der Tagesordnung. Der jahrzehntelange Erziehungsprozess durch die Pharmaindustrie hat dazu geführt, dass weite Teile der Medizin gleichsam auswärts – nämlich ebendort – denken lassen. Daraus ergibt sich eine Einstellung, die jeder Art von Fortschritt, der nicht aus der Pharmaindustrie kommt, einen Riegel vorzuschieben versucht.

Nun gibt es zwei Dinge, die sich in einem derartigen Umfeld extrem schwer tun (müssen). Das sind Erkrankungen, die von der Pharmaindustrie noch nicht als Einkommensquelle für selbige „entdeckt" wurden, und neue – womöglich ungewöhnliche – Therapieansätze. In beiden Fällen gibt es keine Geldgeber, die aufwändige, umfangreiche Studien finanzieren. Es können daher häufig nur Fallstudien gemacht werden oder kleine Fallzahlen mit einfachem Studiendesign. Der Aufstieg in lichte Höhen wissenschaftlicher Anerkennung bleibt damit automatisch verwehrt – egal, ob die Ergebnisse gut oder gar bahnbrechend sind, denn Fallstudien und kleine Fallzahlen zaubern in manches universitäre Gesicht bestenfalls eine mitleidiges Lächeln, ehe man sich desinteressiert abwendet.

Dann gibt es für alle Fälle noch einen mathematischen Statistiktrick: Hat eine Studie mit kleinen Fallzahlen nicht so tolle Ergebnisse oder nicht signifikant gute, dann kann man immer noch sagen, die fehlende Signifikanz würde durch die geringen Fälle hervorgerufen. Bei guten Ergebnissen kann man im Gegenzug sagen, dass höhere Fallzahlen die Werte möglicherweise verschieben würden, da es sein könnte, dass die Fälle zufällig „passend“ für den Therapieansatz waren.

Eine Erkrankung wie das ME/CFS, zu der man weniger als nichts weiß, lebt allerdings davon, dass engagierte medizinische Selbstdenker in Kliniken, Labors und Praxen innovative Ansätze versuchen. Nur durch ständiges Denken, Grübeln, Zweifeln ist Fortschritt möglich. Das war schon immer so. Früher allerdings war das Denken als solches wesentlich freier und nicht vorwiegend fremdreguliert. Heute muss der Innovator damit rechnen, dass die Antwort auf seine frohen Therapiebotschaften darauf reduziert ist, dass ein fremdbestimmter Meinungsbildner mit gerümpfter Nase nach der „Evidenz“ fragt. Eine Todesstoßfrage, denn sie ist in frühen Phasen neuer Therapien nie zu beantworten. Das weiß der Frager natürlich und der solcherart Befragte ebenso – daher gibt es immer weniger Engagierte, die sich einer solchen Vorgangsweise aussetzen, weil sie es gewagt haben, die „Political correctness in medicine“ zu verlassen.

Begegnet man als Arzt und Therapeut einer Erkrankung wie dem ME/CFS, dann gelten mehr denn je zwei Dinge: Das eine ist das antike, hoch philosophische „Scio nescio!“ („Ich weiß, dass ich nichts weiß!“), was natürlich nicht das Eingeständnis von Unwissenheit bedeutet, sondern die Betonung der totalen Relativität von Wissen. Derartig demütige Denkansätze sind der Wissenschaft heute weitgehend abhandengekommen. Das andere aber ist die Tatsache, dass es zu – egal welcher – Krankheit nur einen einzigen wirklichen Experten gibt: das ist der Betroffene selbst. Er ist für den Arzt oder Therapeuten zugleich Wissender und Lehrer in Bezug auf ein bestimmtes Erkrankungsbild oder besser noch: die persönliche Ausformung einer akademisch vordefinierten Erkrankung.

Auch das ist nicht (mehr) sehr verbreitet in jenen Medizinerkreisen, die vielfach gleichsam eine persönliche Erbpacht auf Wissen für sich beanspruchen.

Wie aber – und hier schließt sich der Kreis – soll dann die völlig ungeschulte und medizinisch ahnungslose Mutter in oben angeführtem Beispiel dieses magische Verständnis aufbringen für etwas, das sie sichtlich nicht versteht und dem sie offenbar völlig ohne Respekt und Demut begegnet mit der trügerischen Siegessicherheit der vermeintlich Gesunden.

Das heißt zusammenfassend: Es kann sich nur etwas verbessern, wenn gleichsam alle Möglichkeiten ausgelotet werden, um in kleinen Schritten ans Ziel zu kommen. Das gilt für die Krankheitsdefinition, die Erklärungsmodelle, die Diagnose und natürlich erst recht für die Therapie.

Später im Buch wird ein solch neuer Therapieansatz des US-amerikanischen Mediziners Jon Kaiser eingehend vorgestellt. Vom Beginn der Ableitung aus einer anderen Krankheit bis zu den aktuellen, vorläufigen Studienergebnissen, die sicher toll sind, aber nicht so sensationell, dass die Welt sofort laut „Hurra“ ruft. Zudem sind die

Ergebnisse statistisch noch unzulänglich abgesichert. Dennoch muss man hoffen, dass der Mann nicht lockerlässt und weitermacht.

Und die Situation der ME/CFS-Betroffenen kann sich vor allem nur dann verbessern, wenn man sie gefälligst auch ernst nimmt.

Betroffenenforen

Die Recherche in den Betroffenenforen reflektiert die Ratlosigkeit der Medizin. Die Patienten erjagen mit detektivischer Akribie jede nur erdenkliche Information im Web. Definitiv ein Positivbeispiel für einen realen Nutzen der modernen Kommunikation. Noch stärker als bei anderen Erkrankungen zeigt sich, dass der Betroffene der Experte für „seine" Erkrankung ist. Zwischen den Zeilen Menschliches – Hoffnung, Verzweiflung, Leid, Aussichtslosigkeit, tragische Lebensgeschichten, Tipps für hilfreiche Therapieversuche ...

In der Folge einige ausgewählte Stimmen (www.cfs-treffpunkt.de):

Thema Frühsymptomatik

„Bei körperlicher Anstrengung wird es etwas ungemütlich. Eigentlich lässt sich das schwer fassen. Es ist aber da. Und dann gibt es Bewegungen und Momente, die sind ungelenk. Ein Malheur passiert mal, und es ist sehr peinlich. Vielleicht ist das Hauptproblem eine Spannung. Wo's anfängt, gelingt es nicht überzuleiten. Ich bleibe drin in diesem Stressgefühl (jemand sagte: ein Signal für SAMe-Mangel). Gibt es wirklich Hinweise auf solch ein Stoffwechselproblem? Können die Dir aufstoßen, auch wenn Du noch 10 bis 15 Jahre weg bist? Super super früh. Gibt es kleine Erfahrungen, die ihr hier mitteilt?"

„Heute passt vieles z.B. mit MTHFR-Veränderungen (Anm. d. Verf.: MTHFR = Methylentetrahydrofolat-Reduktase) *und einigen der anderen Befunden zusammen. Es gibt Wege, das nachzuvollziehen und mitzudenken. Ein Gentest kann da zu Aussagen führen. Ich bin selbst dabei, die Bedeutung solcher Befunde ‚nachzubuchstabieren'."*

„Eine körperliche Grenze wird spürbar. Du bist nicht ganz so belastbar, wie andere um Dich herum. Früher lag diese Einschränkung bei ca. 50 bis 60 Minuten. Ich habe zeitweilig auch so lange Sport gemacht. Gelenke der Hüfte taten mir weh. Und gretzig wurde ich nach solcher Belastung. Ich habe dann „soziale" Fehler gemacht, wurde ungenießbar. Meine Frau hat sich gefürchtet. Sie geriet in meiner Gegenwart in Spannung. Entwickelte auch eine Migräne-Erkrankung. Diese Ehe blieb leider nicht zusammen."

„Was macht bei dem allen das Denken? Was nimmt man denn früh wahr? Der Kopf – würde sich trennen. Am Anfang vielleicht nur ein Druck – wie ein zarter Kopfschmerz. P5P (Vitamin B_6) habe ich genommen, teilweise hochdosiert B_1. Eher einseitig war diese Empfindlichkeit. Dann kann ein leichtes Dissoziationsgefühl dazukommen. (Zu viel mit dem Handy telefoniert habe ich.)"

„Träume werden selten. Sie werden nicht mehr erinnert. (Nur kurze Zeit kam das bei hoher B_6-Substitution noch zurück.) Ich muss sehen, ob ich da mehr für machen sollte. Erinnerungsfähigkeit für Namen. Die aus der allerengsten Bekanntschaft waren zum Teil weg. Es ist eine Lücke. Worte sind nicht da. Sie

werden ersetzt – wirklich umschrieben. Aus einer ganz anderen Ecke dazugeholt. Sätze habe ich ungelenk angefangen. Es ist ein seltsames Sprechen. Assoziationen sind oft weit hergeholt. Und all das weiß ich, und es ist schon ein wenig peinlich. Es ist Korsakow. (Und gleicht dem Vitamin-B_1-Mangel bei Alkoholproblem.) Amoniak und Nitrostress machen das Denken gründlich kaputt. Das ist nicht immer ein Mangel an Intelligenz. Aber Verschaltungen sind schlecht, es ist Mangel im Kopf und wirkt wie ein Fraß der Motten. Für meine Partnerin bleibt es schwer, mir wirklich entspannt zuzuhören. Aber, aber, was ist das wirklich Frühe? Wo finden sich die Antworten, die hier vorbeischauen? Woran habt ihr es gemerkt? Was ist es, das euch heute sagt: Genau diese Krankheit war wohl damals – ganz früh – schon da?"

„Alles das wird zu einer leichten chronischen ZNS-Reizung. Unterschwellig Entzündung darf man sie nennen. Lecithin als Dauermedikation würde da helfen. Ein die Nervenfasern aufbauender Stoff. Gute Vitamine in Fülle. Sorgfalt im Essen – gut wählen. Vieles würde ich geben ... und viel früher lindernde Therapie. Antioxidantien, Weinkern-Mehl, Curcuma, Fette. Weiß nicht, welches euch bekommt ... Ich hatte mich schwierigen Sachen ausgesetzt. War nicht wirklich sorgsam. Im Benzindampf in der Jugend. Ausgekippte Leuchtstoffröhren (im Schrott gewühlt), Anstriche – wie Karbolineum (Holzschutz), Schimmel ex. Vielfach gedankenlos mitten rein. Nein, da war einiges an großer Fahrlässigkeit dabei. Man war jung – angeblich hat man es weggesteckt. Dabei auch 35 Jahre Brücke und Krone (ein Schneidezahn vorne, oben). Amalgam war dabei."

„Gene kann man früh testen (ca. 200 €), Belastungstest – gibt es. Jedenfalls selbst genau einschätzen mit der Ausdauer. Ist die nochmals deutlich runtergegangen – in diesen 2 bis 3 Jahren. Unruhiger Schlaf, vielleicht niedriges Körpergewicht (ich verbrenne viele Kalorien.) Das Träumen fehlt. Denken und Sprache sind ungewöhnlich. Schütze Dein ZNS. Vielleicht brauchst Du da Hilfe – viel früher als andere. Bei allem lerne Ernährung und was tut Dir wirklich gut. Achte ganz gut auf Dich. Wo es einen ganz klitzekleinen Anteil schon zeigt: Wie kommen die vielen schweren Dinge zusammen? Was sind die echten Warnsignale? Was und wie lässt sich schützen vor Crash? (Den Stress sollst Du aushalten. Da gehen wir durch.) Aber das ganz große ZUViel. Wo steigst Du noch aus, meldest Dich krank, gehst Dich erholen – fütterst mit Multi und NEM (sogar B_{12}-Spritze) dich voll. Im Winter könnte es D_3 sein (und Sonne). Ein Tagebuch – vielleicht. Was lief schon falsch? Wo hast du Dich selbst kennengelernt?"

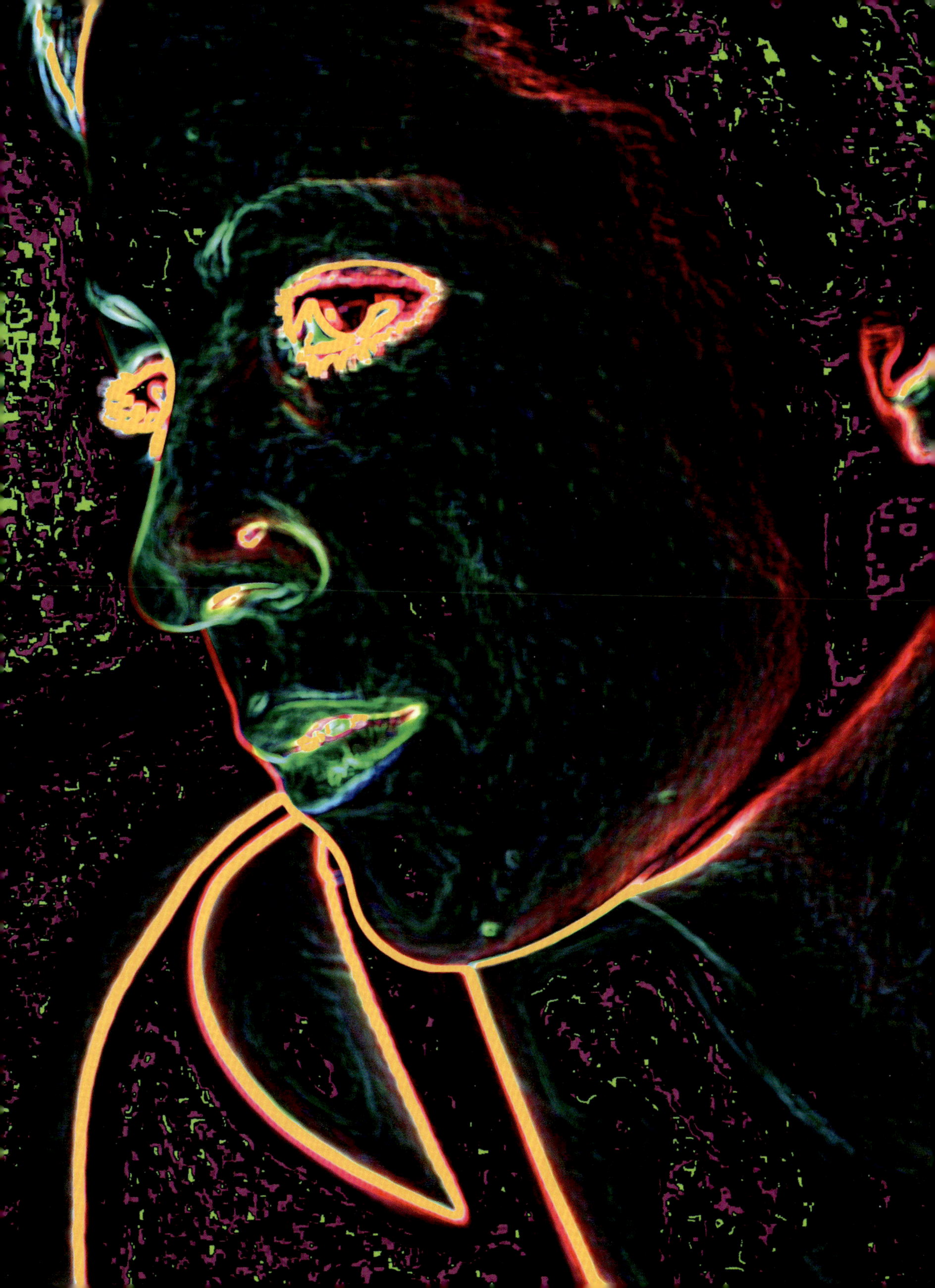

Lichter am Horizont

Es ist Neues und Halbneues, jedenfalls aber Erkenntnis und Hoffnung Spendendes. Ein schönes Echo auf die eindrucksvolle, starke und lebensbejahende Kurzbiografie der Florence Nightingale.

Hirnstruktur als Erklärung?

27. Februar 2015. Auf *Scope*, einem Blog der medizinischen Fakultät an der Stanford University in Kalifornien schrieb der Wissenschaftsautor Bruce Goldman in typisch lockerem US-Stil, wenn es um Wissenschaft geht, einen längeren Beitrag zu unserer Thematik:

Er beklagte die geradezu babylonische Namensfülle bei diesem Krankheitsbild – ob nun „Chronisches Erschöpfungs-Syndrom“, „Myalgische Enzephalomyelitis“ oder – das Neueste – „SEID/Systemic Exertion Intolerance Disease“ (Systemische Belastungs-Intoleranz-Erkrankung). Wie auch immer, diesen Bezeichnungen lassen sich real allein in den USA 1 bis 4 Millionen Menschen als Betroffene zuordnen, wenn man der Stanford'schen „Infektionsspürnase“ Dr. Jose Montoya folgt, der mehr als 200 SEID-Patienten über mehrere Jahre engmaschig begleitete und eine

Vielzahl von verschiedenen Tests durchgeführt hatte, um herauszufinden, was letztlich ihren Zustand hervorruft.

Verschiedene Institutionen führen im Zusammenhang mit SEID unterschiedlichste Zahlen an. Diese Schwammigkeit in Bezug auf Namensgebung und Zahlenangaben steht in engem Zusammenhang mit der Tatsache, dass sich mit Ausnahme des Hauptsymptoms einer rasch eintretenden, überwältigenden und lang anhaltenden Erschöpfung, die sechs Monate oder länger dauert (Goldman ignorierte insofern die ICC-2011-Kriterien, aber vielleicht war bei der Konferenz im Jahr 2011 niemand von der Stanford-Universität eingeladen ...), herzlich wenig Konkretes sagen lässt. Zusätzliche (unspezifische) Symptome reichen von Gelenk-Muskel-Schmerzen, marternden Kopfschmerzen oder Nahrungsintoleranz bis zu Halsschmerzen, Lymphknotenschwellung, gastrointestinalen Problemen, Blutdruckschwankungen und Reizintoleranz gegenüber Licht, Lärm oder anderen Ursachen.

Die Forschung zum Wie oder Warum von SEID wurde bisher von der Unfähigkeit der Etablierung charakteristischer biochemischer oder neuroanatomischer Merkmale begleitet. Obwohl viele virale Aspekte hinterfragt wurden, konnte bislang kein mikrobieller Übeltäter identifiziert werden. Bis zum heutigen Tag existiert nicht ein einziger tauglicher Labortest, um SEID zu diagnostizieren.

Aber 2014 gelang ein kleiner Durchbruch bezüglich des möglichen physiologischen Substrats von SEID, als der Standford-Neuroradiologe DDr. Mike Zeineh bei der Arbeit mit Patienten aus dem Register seines Forscherkollegen Montoya herausfand, dass sie eine Eigenschaft miteinander teilten: einen Verlust an weißer Hirnsubstanz in bestimmten Gehirnarealen. Die Entdeckung erregte einiges Interesse in den Medien ebenso wie in der CFS-Community.

(Details zu diesen Entdeckungen im Oktober 2014 finden sich im Anschluss.)

Darauf publizierte ein hochkarätiges, multiinstitutionelles Team einschließlich Montoya in Science Advances eine Arbeit (Hornig et al., Sci. Adv. 2015;1:e1400121), die eine zusätzliche physiologische Basis für die Diagnose von SEID aufzuzeigen versuchte: ein charakteristisches Muster oder eine „Signatur" – bestehend aus erhöhten Spiegeln einzelner Immun-Signalsubstanzen im Blut.

Frühere Versuche, einen solchen „biochemischen Fingerabdruck" zu erstellen, waren erfolglos geblieben. Retrospektiv betrachtet möglicherweise deshalb, weil die Forscher Kurz- und Langzeit-Patienten vermengt hatten (SEID kann Jahrzehnte dauern).

In dieser neuen Studie unterschieden die Forscher Patienten mit einer Krankheitsdauer von unter drei

Jahren von bereits länger erkrankten (mehr als 3 Jahre). Das führte zur Beobachtung klarer Unterschiede hinsichtlich der Blutchemie zwischen der ersten Gruppe und gesunden Vergleichspersonen. Diese Auffälligkeiten in Form der Erhöhung mehrerer pro- und anti-inflammatorischer Proteine wiesen darauf hin, dass eine Art „Schicksalsschlacht" im Immunsystem zugange war. Ein Phänomen, das bei der zweiten Gruppe der länger Erkrankten nicht mehr zu finden war.

Offensichtlich kämpft das Körperabwehrsystem in einer Art Totalmobilmachung gegen geheimnisvolle SEID-Auslösefaktoren, ehe es nach einigen Jahren „erschöpft" aufgibt.

Wie auch immer, diese Entdeckung unterlegte die subjektiven Beschwerden von SEID-Patienten mit einer „labordiagnostischen Realität" und könnte Wege zu einer frühen Diagnose öffnen – und vielleicht auch Aspekte für eine entsprechende therapeutische Intervention bieten.

Die Neuigkeiten aus Stanford sollen aber noch zwei Ergänzungen finden – schon aus Aktualitätsgründen. Zum einen durch weitere Informationen anlässlich der Entdeckung des Neuroradiologen Michael Zeineh, zum anderen durch einige Auszüge aus der darauf folgenden Arbeit der Gruppe um Jose Montoya.

Gehirnveränderungen bei CES-Patienten

Eine bildgebende Studie der Universität Stanford hatte also herausgefunden, dass es bestimmte Unterschiede zwischen Patienten mit chronischem Erschöpfungssyndrom und gesunden Menschen gibt. (Zeineh MM et al., Right Arcuate Fasciculus Abnormality in Chronic Fatigue Syndrome, Radiology, February 2015, Volume 274, Issue 2). Die Radiologieforscher hatten entdeckt, dass die Gehirne von Patienten mit chronischem Erschöpfungssyndrom Verminderungen an weißer Substanz sowie Abweichungen der weißen Hirnsubstanz im Bereich der rechten Hirnhälfte aufwiesen.

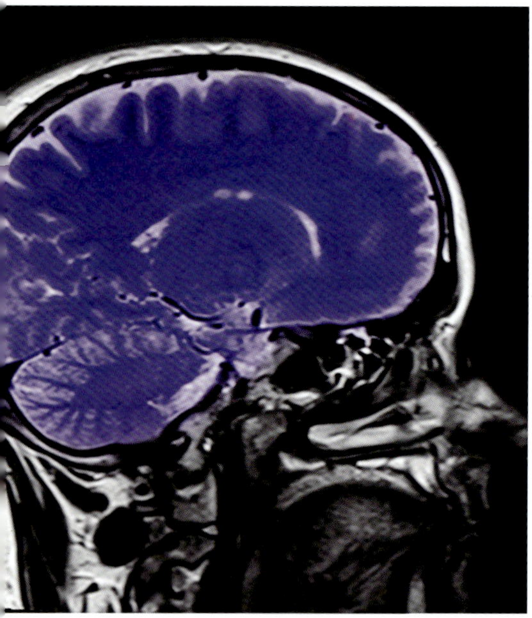

Die Ergebnisse könnten zu einer konkreteren Diagnose des Störungsbildes führen und auf bestimmte Hintergrundmechanismen der Erkrankung hinweisen.

Es ist leider durchaus nicht unüblich für CES-Patienten, dass ihnen diverse Missinterpretationen ihres Leidens widerfahren bis hin zum Verdacht der Hypochondrie, ehe sie die korrekte Diagnose eines CES gestellt bekommen.

„Die Abweichungen, die in der Studie beschrieben wurden, können helfen, Mehrdeutigkeiten aufzulösen“, kommentierte Hauptautor Ass.-Prof. DDr. Michael Zeineh. „Unter Verwendung dreier hochentwickelter bildgebender Verfahren sahen wir, dass die Gehirne der CES-Patienten sich zumindest in dreifacher Hinsicht von denen Gesunder unterscheiden.“

Die potentielle Bedeutung ist evident. CES betrifft – wie bereits erwähnt – allein in den USA zwischen 1 und 4 Millionen Menschen sowie geschätzte viele weitere Millionen weltweit. Exaktere Fallzahlen zu nennen ist schwierig, denn schon die konkrete Diagnose ist problematisch. Während alle CES-Patienten dieses eine Symptom – eine peinigende, persistierende Erschöpfung – aufweisen, die sechs Monate oder länger dauert, können die weiteren Symptome von

Patient zu Patient breit variieren und überlappen oft mit Symptomen anderer Erkrankungen. Hinsichtlich potentiell häufiger Co-Morbiditäten lassen sich keine zuverlässigen Aussagen treffen.

Eine wissenschaftliche Herausforderung

„Tatsächlich ist das CES eine der größten wissenschaftlichen und medizinischen Herausforderungen unserer Zeit", sagte dazu der Senior-Autor Univ.-Prof. Dr. Jose Montoya, Professor für Infektiologie und geografische Medizin. „Die Symptome umfassen oft nicht nur die überwältigende Müdigkeit, sondern auch Muskel- und Gelenkschmerzen, beeinträchtigenden Kopfschmerz, Nahrungsmittelunverträglichkeit, Halsschmerzen, Lymphknotenvergrößerung, Magen-Darm-Probleme, Blutdruckabweichungen, Herzrhythmusstörungen und Überempfindlichkeit gegen Licht, Geräusche und andere Reize."

Montoya begleitete 200 CES-Patienten über mehrere Jahre hinweg, um herauszufinden, welche Mechanismen hinter den Leiden stehen. „Die Kombination der Symptome kann das Leben eines Patienten über 10, 20 oder sogar 30 Jahre völlig zerstören", erklärte er und verband damit die Hoffnung, dass die Entwicklung neuer, effektiverer Behandlungsmethoden als sie heute zur Verfügung stehen beschleunigt werden kann. „Zusätzlich zum CES-spezifischen diagnostischen Biomarker, den wir über Jahrzehnte verzweifelt gesucht haben, ermöglichen uns diese Erkenntnisse nun, das oder die Areale im Gehirn zu identifizieren, in denen die Erkrankung das zentrale Nervensystem befallen hat."

Zeineh ergänzte: „Wenn Sie eine Erkrankung nicht verstehen, ist es so, als würden Sie mit verbundenen Augen Dartpfeile werfen. Wir fragten uns, ob bildgebende Untersuchungen konkrete Unterschiede zwischen den Gehirnen von Betroffenen und Gesunden hervorbringen könnten. Und ja, es war interessanterweise möglich!"

Die Forscher der Universität Stanford verglichen Gehirnaufnahmen von 15 CES-Patienten aus dem Fundus jener, die Montoya bereits erfasst hatte, mit jenen von 14 hinsichtlich Alter und Geschlecht korrespondierenden gesunden Freiwilligen, die keine CES-Symptome oder Ähnliches aufwiesen.

Drei Schlüsselergebnisse

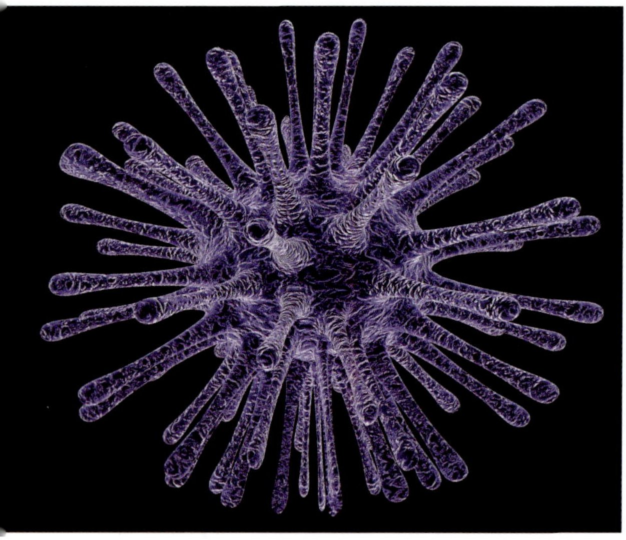

Die Analyse ergab nach Aussagen der Forscher drei erwähnenswerte Resultate. Zunächst zeigte sich im MRI, dass die Gehirne der CES-Betroffenen im Vergleich zu den Gesunden eine Verminderung der weißen Hirnmasse aufwiesen. Der Begriff „weiße Gehirnsubstanz" beschreibt weitgehend die langen, kabelähnlichen Nervenleitungen, die für den Signaltransport zwischen den Bereichen der „grauen Hirnsubstanz" verantwortlich sind. Letztere ist auf die Erzeugung von Information spezialisiert, während die weiße Hirnsubstanz diese Informationen weiterleitet.

„Eigentlich kamen diese Erkenntnisse nicht unerwartet", meinte Zeineh. Man glaubt, dass CES mit chronischen Entzündungsvorgängen in Zusammenhang steht, gut möglich als eine Art verzögerte Immunantwort auf eine derzeit noch unspezifische Virusinfektion. Entzündungen – das weiß man mittlerweile – gehen zu Lasten der weißen Hirnsubstanz.

Die **Diffusionsgewichtete Magnetresonanztomografie** (abgekürzt **DW-MRI** von **englisch** *diffusion-weighted magnetic resonance imaging*) ist ein bildgebendes Verfahren, das mit Hilfe der Magnetresonanztomografie (MRT) die Diffusionsbewegung von Wassermolekülen in Körpergewebe misst und räumlich aufgelöst darstellt. Sie wird in der Praxis in erster Linie zur

Untersuchung des Gehirns eingesetzt, da sich das Diffusionsverhalten im Gewebe bei einigen Erkrankungen des zentralen Nervensystems charakteristisch verändert und die Richtungsabhängigkeit der Diffusion Rückschlüsse auf den Verlauf der großen Nervenfaserbünd el erlaubt. Wie die klassische MRT ist die diffusionsgewichtete Bildgebung nicht invasiv (eindringend): Da der Bildkontrast allein mittels magnetischer Feldgradienten erzielt wird, erfordert sie weder eine Injektion von Kontrastmitteln noch den Einsatz von ionisierender Strahlung.

Die **Diffusions-Tensor-Bildgebung** (abgekürzt **DTI** von **englisch** *diffusion tensor imaging* oder **DT-MRI** von *diffusion tensor magnetic resonance imaging*) ist eine häufig eingesetzte Variante der DW-MRI, die auch die Richtungsabhängigkeit der Diffusion erfasst. Pro Volumenelement (Voxel) bestimmt sie nicht nur einen einzelnen Zahlenwert, der im Schnittbild als Grauwert dargestellt werden kann, sondern berechnet einen Tensor (konkret: eine 3×3-Matrix), der das dreidimensionale Diffusionsverhalten beschreibt. Derartige Messungen sind deutlich zeitaufwändiger als herkömmliche MRT-Aufnahmen und erzeugen größere Datenmengen, die der Radiologe erst durch den Einsatz verschiedener Visualisierungstechniken interpretieren kann.

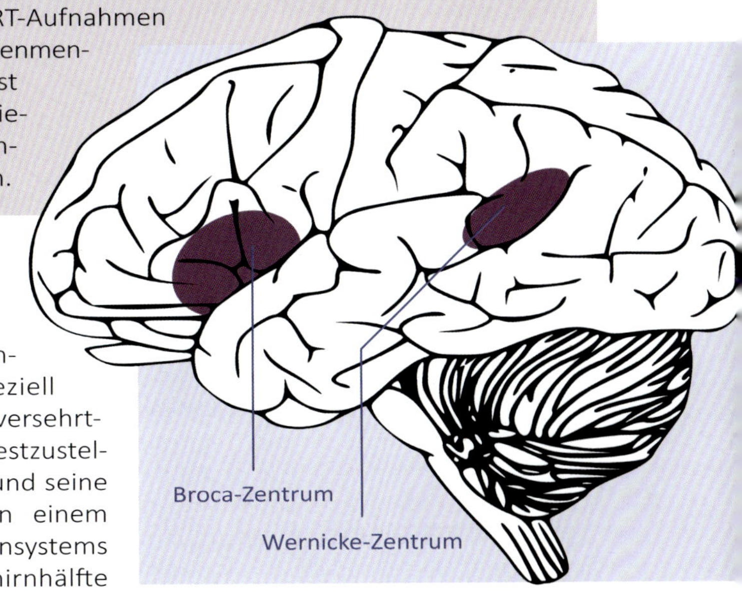

Aber eine zweite Entdeckung war tatsächlich unerwartet. Mittels der hochentwickelten „Diffusion-Tensor-Bildgebung“, die speziell dazu geeignet ist, die Unversehrtheit der weißen Substanz festzustellen, identifizierten Zeineh und seine Kollegen Abweichungen in einem bestimmten Teil des Nervensystems im Bereich der rechten Gehirnhälfte von CES-Patienten. Dieser Sektor, der zwei Gehirnteile – den Stirnlappen mit dem Schläfenlappen – verbindet, wird rechter Fasciculus arcuatus genannt und – so nimmt man an – zeigt bei CES typische Auffälligkeiten.

Als linken **Fasciculus arcuatus** bezeichnet man Nervenfasern, die das Wernicke-Areal (WA) und das Broca-Zentrum (BZ) im menschlichen Gehirn verbinden.

Ursprünglich wurde angenommen, dass Informationen nur vom Wernicke-Areal in Richtung Broca-Zentrum fließen. Darauf beruht das Wernicke-Geschwind-Modell der menschlichen Sprachverarbeitung. Der heutige Stand der Erkenntnis ist jedoch, dass eine beidseitige Verbindung besteht.

Wird der Fasciculus arcuatus beschädigt, resultieren daraus charakteristische Sprachstörungen. Diese werden als Leitungsaphasie bezeichnet.

Weiters zeigte sich eine recht starke Korrelation zwischen dem Grad der Abweichung im rechten Fasciculus arcuatus der CES-Patienten und der Ausprägung ihres Beeinträchtigungsgrades. Grundlage für diese Aussage war ein standardisierter psychometrischer Test zur Erhebung des Erschöpfungsausmaßes.

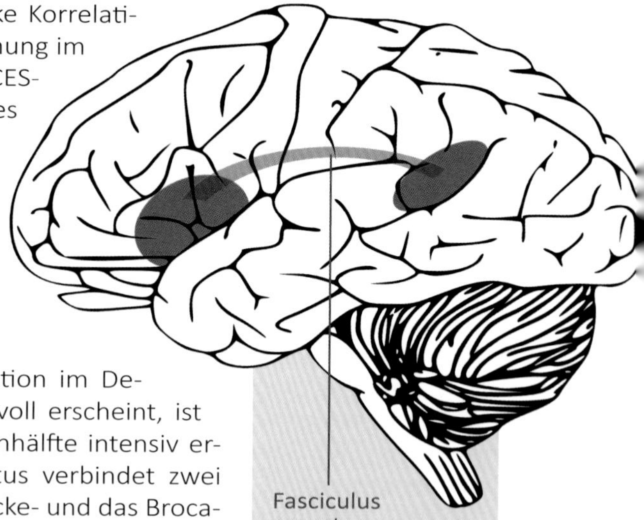

Spannender Rechts-links-Vergleich

Obwohl die rechte Fasciculus-Funktion im Detail nach wie vor etwas geheimnisvoll erscheint, ist das Gegenstück in der linken Gehirnhälfte intensiv erforscht. Der linke Fasciculus arcuatus verbindet zwei wichtige Sprachzentren – das Wernicke- und das Broca-Zentrum –, die strukturell der grauen Gehirnsubstanz angehören. Diese beiden Strukturen sind sowohl für die Entwicklung als auch das Verständnis von Sprache essentiell. Bei Rechtshändern ist die Sprache immer in der linken Gehirnhälfte organisiert. Im Gegensatz dazu ist die Situation bei Linkshändern deutlich weniger klar – also welche Gehirnhälfte nun tatsächlich relevant für die Sprachsteuerung ist. Ist das Gehirn von Linkshändern womöglich ein freies Experiment der Natur? Obwohl die Entdeckung einer Abweichung am rechten Fasciculus arcuatus von Rechtshändern ganz sicher war, blieb sie schwer interpretierbar, bis man die beiden linkshändigen Patienten und die vier linkshändigen gesunden Probanden aus dieser Auswertung herausnahm.

Die dritte Entdeckung unterfütterte (verstärkte) die beiden ersteren: eine Verdickung der grauen Hirnsubstanz im Bereich der beiden Zentren, die vom rechten Fasciculus arcuatus verbunden werden, bei den CES-Patienten verglichen mit der Kontrollgruppe. Zeineh dazu: *„Der klare Bezug zwischen den korrespondierenden Abweichungen hinsichtlich der weißen und grauen Hirnsubstanz macht es unwahrscheinlich, dass es sich hier um Zufallsbefunde handelt. Dennoch, obwohl diese Resultate sehr klar erscheinen, benötigen sie Bestätigung. Diese Studien waren ein Beginn, der uns zeigt, wo wir suchen müssen."*

Da existiert also eine Hirnstruktur namens Fasciculus arcuatus – auf gut Deutsch „bogenförmiges Bündelchen" – in der rechten Hirnhälfte, deren Bedeutung man eigentlich nur für die linke Seite des Gehirns als wesentlich für die Generierung und das Verständnis von Sprache kennt, da er – wohlgemerkt links – zwei wesentliche Sprachzentren miteinander verbindet. Aber kann das nicht völlig egal sein, wenn unser Interesse in diesem Falle der rechten Gehirnhälfte gilt? Vermutlich kann es das – zumindest bei Rechtshändern. Immerhin haben die tüchtigen Forscher in Stanford herausgefunden, dass dieses bogenförmige Leitungsbündel bei CES-Patienten auf der rechten Seite des Gehirns substantiell vermindert ausgeprägt ist, während die Strukturen, die von diesem Leitungsbogen verbunden werden, verdickt erscheinen. Verdickt wie „narbig verdickt" nach einer Schädigung, die durch – welche genau auch immer – virale Infektion hervorgerufen wurde?

Neue Erkenntnisse zu erlangen, hat immer die Konsequenz, dass man darauf achten muss, diesbezüglich auch „vorne" zu bleiben, denn Forschung ist wie ein globaler Wettkampf ohne jede Regel – kann daher gelegentlich auch in Wettkrampf ausarten.

Was lag daher näher, als eine rasche zweite Publikation derselben Forschergruppe nach nur wenigen Monaten im Februar des Jahres 2015?

Fühlen Sie auch diese ansteigende Spannung auf unserer Forschungsreise zu den neuesten Erkenntnissen rund um CES/CFS/ME/SEID? Fühlt sich das nicht an wie ein guter Krimi? Nur, dass es sich hier nicht um Fiktion handelt, sondern um mikrometerkleine, spannende Schrittchen in Richtung zur Lüftung eines der größten offenen Geheimnisse der modernen Medizin.

Bevor wir die zweite US-amerikanische Studie vorstellen, sollen hier noch ein paar europäische Forschungsergebnisse vorgestellt werden. Um die Spannung zu steigern ...

Und in Europa?

Wenngleich die diversen „internationalen Gesellschaften" völlig unter nordamerikanischer Dominanz stehen und es den Anschein hat, als würde im Rest der Welt nur limitiertes Interesse an medizinischer Forschung bestehen, trügt dieser Schein natürlich. Und auch an guten zusammenfassenden Arbeiten fehlt es nicht. Die derzeit aktuellste zum chronischen Erschöpfungssyndrom – der deutsche Begriff scheint des Pudels Kern wesentlich exakter zu treffen als die englischen Bezeichnungen – stammt von Franziska Badenschier und wurde im Juli 2015 in Spektrum des Wissens publiziert (sie ist auch online unter http://www.spektrum.de/news/neue-erkenntnisse-zum-chronischen-erschoepfungssyndrom/1354734 verfügbar). Anhand eines Fallbeispiels wird der Leidensweg der CFS-Patienten eindrücklich dargestellt, der nicht selten in Depressionen oder sogar Selbstmord mündet. Wichtig ist auch der Hinweis auf zumindest eine medizinische Einrichtung, die sich vornehmlich mit CFS befasst: Die Immundefektambulanz an der Charité in Berlin.

Dort versucht man zunächst per Ausschlussverfahren der Krankheit auf die Spur zu kommen. Es werden also zunächst alle Erkrankungen überprüft, die ähnliche Symptome wie CFS aufweisen, wie etwa HIV/AIDS, Multiple Sklerose, eine chronische Leberentzündung usw. Dann werden die bereits dargestellten Kanadischen bzw. die Fukuda-Kriterien angelegt (siehe Seite 16 ff.). Zudem kann die Spiroergometrie Ergebnisse liefern, indem die Patienten auf einem Fahrradergometer immer schwerer treten müssen, wobei ihre Atemgase ge-

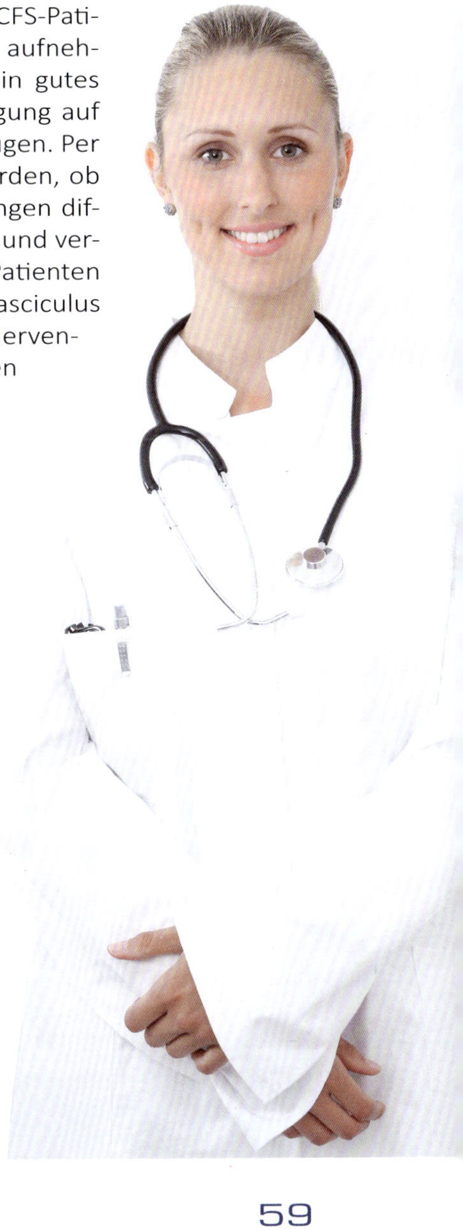

messen werden. Da Studien ergeben haben, dass CFS-Patienten unter Belastung deutlich weniger Sauerstoff aufnehmen und verwerten als Gesunde, hat man hier ein gutes Testmittel an der Hand. Der Nachteil: Die Anstrengung auf dem Fahrrad kann den Patienten auch Schaden zufügen. Per Diffusions-Tensor-Imaging (DTI) kann gemessen werden, ob Wassermoleküle gleich gut in verschiedene Richtungen diffundieren. Die Ergebnisse werden farbig dargestellt und vermitteln gleichsam funktionelle Zustandsbilder. CFS-Patienten zeigen in dieser Untersuchung Auffälligkeiten am Fasciculus longitudinalis inferior sowie an einem weiteren Nervenbündel, dem Fasciculus arcuatus. Auch Verdickungen der Großhirnrinde (graue Hirnsubstanz) – also ein anatomisches Substrat – können festgestellt werden.

Große Hoffnungen legt man in den Nachweis des sogenannten Epstein-Barr-Virus (EBV) als möglichen Auslöser. Eine Infektion mit diesem Erreger ruft das Pfeiffer'sche Drüsenfieber hervor. Verstärkte Ermüdung gehört hier unter Umständen über Monate zum klinischen Bild. Allerdings sind viele Menschen mit Träger dieses Virus aus der Familie der Herpesviren infiziert, da es über den Speichel übertragen wird. Die Viren „schlummern" dann unter Umständen lebenslang im Körper, ohne dass es zum Ausbruch der Erkrankung kommt. Ist CFS also lediglich eine klinische Subform einer EBV-medierten Erkrankung mit chronischem Verlauf? Eine Gruppe rund um Dr. Carmen Scheibenbogen ging der Sache im Jahr 2014 nach. Untersucht wurden rund 450 CFS-Patienten. Man fand im Vergleich zur gesunden Kontrollgruppe bei etwa jedem Zehnten mehr EB-Viren im Blut. Bei mehr als jedem Zweiten war die Immunantwort auf das Virus vermindert. Weiters fehlte einem Teil der Patienten ein spezifischer Antikörper, der sowohl bei einem heftigen Pfeiffer-Drüsenfieber als auch bei einer chronisch aktiven EBV-Infektion häufig fehlt. Das Immunsystem könnte also bei einem Teil der Patienten möglicherweise zu schwach sein, um den Infekt vollends zu überwinden. Der naheliegende Schluss: Es könnte sich um eine Regulationsstörung des Immunsystems handeln.

Einen interessanten Zusammenhang entdeckte man in Norwegen. An der Universitätsklinik in Bergen wurde eine Patientin mit Lymphdrüsenkrebs, die sieben Jahre zuvor am Pfeiffer'schen Drüsenfieber erkrankt war und auch am Chronischen Erschöpfungssyndrom litt, mit einer Chemotherapie behandelt. Und die wirkte auch gegen CFS. Die zuvor im Rollstuhl sitzende Frau war plötzlich in der Lage, sogar ihr Haus zu streichen und im Garten zu arbeiten – zumindest so lange, wie die Chemotherapie wirkte. Nach fünf Monaten aber kehrte CFS zurück. Eingesetzt wurde das Mittel Rituximab®, das sich als künstlich produzierter Antikörper an die B-Zellen im Körper anheftet und diese absterben lässt. Da hier auch die Epstein-Barr-Viren andocken, sterben sie mit. Inwieweit Rituximab nun als Mittel gegen CFS eingesetzt werden kann, ist offen. Ende 2014 startete aber in mehreren norwegischen Kliniken eine größere Untersuchungsreihe, Ergebnisse stehen freilich noch aus.

Altstadt von Bergen

Der immunologische Fingerabdruck

Die Arbeit, in die wir nun auszugsweise einen kleinen Blick wagen wollen, wurde im Text bereits erwähnt: Hornig M. et al.: Distinct plasma immune signatures in ME/CFS are present early in the course of illness, Sci. Adv. 2015;1:e1400121 – publiziert am 27. Februar 2015.

Da es ja immer – meist hat man dazu jedoch keine Zeit – recht interessant ist, gelegentlich auch hinter die Kulissen zu blicken und zu forschen, wer denn die Personen hinter den Publikationen sind, folgt hier nun ein kleiner Zwischenstopp zur Erstautorin Mady Hornig. Im Zeitalter der Ultra-ultra-Spezifikation begegnen wir mit Prof. Dr. Mady Hornig nämlich einer Frau, die zwar ursprünglich Psychiaterin war, nun aber auf ganz anderen Gebieten forschend tätig ist. Das sind bekanntlich immer die besonders spannenden Leute – jene, die schon immer begierig über den eigenen fachlichen Tellerrand hinausgeblickt haben. Sehen wir also, was wir von ihr lernen können.

Dr. Mady Hornig, MA, ist Associate Professor für Epidemiologie. Sie leitet ein nationales Forschungsprojekt am Zentrum für Infektionen und Immunität an der Columbia-Universität. Als medizinische Wissenschafterin ist sie international bekannt für ihr Tiermodell und die klinische Forschung zur Rolle von Mikroben, Immunität und Xenobiotika (chemische Verbindungen, die dem biologischen Stoffkreislauf eines Organismus oder natürlichen Ökosystemen fremd sind und oft Strukturelemente enthalten, die in dieser Form nicht oder nur äußerst selten in Naturstoffen vorkommen) in der Pathogenese von neuropsychiatrischen Erkrankungen inklusive Autismus, Schizophrenie, PANDAS (Pediatric Autoimmune Neuropsychiatric Disorders Associated with Streptococcal Infection), AD(H)S, Zwangsstörungen, affektive Störungen und CFS.

Dr. Hornig vernetzt Daten von Tiermodellen sowie klinischen und epidemiologischen Studien, um Zusammenhänge zu erkennen, wie die Exposition gegenüber Infektionen, Umweltgiften oder anderen Stressoren, die die Genexpression verändern und so zu Wegbereitern neuropsychiatrischer Erkrankungen werden können. In ihrer Arbeit folgt sie einem dreidimensionalen Modell, wobei Gene oder die Natur

die erste Dimension repräsentieren, das Umfeld bzw. die Erziehung die zweite und der Zeitfaktor die dritte – aus den komplexen Wechselbeziehungen dieser Bereiche leitet sie Konsequenzen für die Entstehung neuropsychiatrischer Erkrankungen ab. Erkenntnisse aus Tiermodellen zu immunmediierten neuronalen Entwicklungsschäden werden als Basis verwendet, um bei der Suche nach neuen Markern oder therapeutischen Strategien bei humanen Kohortenstudien den Blick zu schärfen. Hypothesen aus epidemiologischen Studien werden im Tiermodell rigoros getestet. Ihre Arbeit erstreckt sich bis zur Suche nach Biomarkern, die bereits die Entstehung einer Erkrankung erkennen lassen, lange bevor die ersten klinischen Anzeichen auftreten. Sie leitet die Initiative zur Untersuchung der Pathogenese des CFS. Weiters ist sie eine der führenden Forscherinnen im Rahmen der „Autism Birth Cohort (ABC)", einer prospektiven Kohortenstudie in Norwegen, die sich mit der Bedeutung von genetischen und reifungsbezogenen Faktoren im Zusammenspiel mit Umwelteinflüssen bei der Entstehung von neuronalen Entwicklungsschäden befasst.

ME/CFS ist eine unerklärte, Behinderung erzeugende Erkrankung, an der – wie erwähnt – alleine in den USA 4 Mio. Menschen leiden. Es gibt weder verbindliche diagnostische Labortests noch eine einheitliche Therapieverlaufskontrolle, obwohl es weltweite Bemühungen gibt, irgendeinen Biomarker zu finden. Hornig und ihre Mitarbeiter gingen von der Möglichkeit aus, dass das Unvermögen, derartige Biomarker zu finden, Variationen in den Diagnosekriterien und Labormethoden ebenso widerspiegelt wie die Erfassung zu einem bestimmten Zeitpunkt im Verlauf der Erkrankung.

Entsprechend nutzten sie zwei große Multicenter-Kohortenstudien zu ME/CFS, um die Beziehung der immunologischen Signatur zu Diagnose, Krankheitsdauer und anderen klinischen Variablen herzustellen. Die Kontrollen wurden an bestimmte Schlüsselfaktoren angepasst, die bekanntermaßen den Immunstatus beeinflussen und neben Alter und Geschlecht auch den Zeitpunkt der Probenentnahme beinhalten. Die Wissenschafter führten bestimmte Veränderungen in der frühen Immunsignatur des Plasmas bei 52 ME/CFS-Patienten im Vergleich mit 348 gesunden Vergleichspersonen an, die man bei Patienten mit längerer Krankheitsdauer (n = 246) nicht findet.

Diese Analysen in Abhängigkeit von der Krankheitsdauer legten offen, dass es zu einer erheblichen Aktivierung sowohl entzündlicher als auch antientzündlicher Zytokine kommt sowie zu einer Dissoziation (Aufspaltung) des Zytokin-

Regulationssystems. Es fand sich eine stärkere Bindung der Zytokinveränderungen an die Krankheitsdauer als an die Schwere des Krankheitsbildes. Das legt eine sich dynamisch ändernde Immunpathologie bei CFS/ME nahe. Diese Entdeckungen haben Einfluss auf interventionelle Strategien und die Frühdiagnose der Erkrankung.

Einige Details im Überblick

ME/CFS ist eine zu Behinderung führende Krankheit mit einem komplexen Erscheinungsbild, das Müdigkeit, Gedächtnis- und Konzentrationsstörungen, Schlafprobleme, Kopfschmerz, Gelenk-/Muskelbeschwerden, belastungsinduzierte Beschwerden, Magen-Darm-Störungen und Entgleisungen des Immunsystems mit einer Dauer von 6 Monaten oder mehr beinhalten kann. Ältere Patienten mit ME/CFS weisen ein erhöhtes Risiko auf, am Non-Hodgkin-Lymphom zu erkranken. Die Diagnose basiert hauptsächlich auf der Erkennung der Symptome durch einen erfahrenen Kliniker. Obwohl das Laborassay (Reaktionsablauf zum Nachweis einer Substanz mit einer spezifischen Methode) eine Rolle im Diagnoseprozess spielt, wird es eher auch dazu verwendet, andere Erkrankungen auszuschließen, die eine ME/CFS vorspiegeln können, als in Form von Biomarkern der Frühdiagnose zu dienen. Die Versuche, entsprechende Biomarker zu identifizieren, haben uneinheitliche Ergebnisse gebracht. Dies kann unterschiedlichen Verlaufsformen entsprechen, aber auch uneinheitlichen Laboruntersuchungsmethoden oder der Entnahme von Proben in unterschiedlichen Krankheitsphasen.

Um eine bessere Kontrolle über die Heterogenität der Patienten und Testabnahmen zu bekommen, nutzten die Forscher die klinische Datenbasis und die biologischen Archive zweier großer Kohortenstudien zu ME/CFS, um festzustellen, inwieweit es eine Beziehung zwischen Immunsignaturen (51 Zytokine) und Diagnosen oder anderen klinischen Variablen gibt.

Es handelte sich dabei um eine Studie des National Institutes of Health (NIH), ursprünglich entwickelt, um eine spezifische Hypothese im Zusammenhang mit einer Infektionsgenese zu untersuchen, und die Kohortenstudie der Chronic Fatigue Initative. Untersucht wurde die Beziehung von Diagnose und klinischem Phänotyp zu den Immunprofilen, die unter kontrollierten milden Stressbedingungen gewonnen wurden.

Hinter den Zellkulissen

Was können wir an dieser Stelle grosso modo zusammenfassen?

- Jahrzehntelang hat man für ME/CFS recht unpräzise Bezeichnungen gewählt.
- Es gibt keine zuverlässig standardisierten klinischen Marker, die in der Diagnose helfen. Erste Erkenntnisse dazu sind noch zu neu, um eine tatsächliche Beurteilung zu erlauben.
- Niemand scheint den blassesten Schimmer zu haben, wodurch die Erkrankung ausgelöst wird.
- Und was spielt sich im Organismus eigentlich ab?

Dazu gibt es in den drei letzten Jahren einiges an Neuem, wenngleich auch das noch ein wenig spekulativ ist. Geheimnisträgerin in diesem Zusammenhang ist eine Zellstruktur, die jahrzehntelang nur als das „Kraftwerk der Zelle“ bezeichnet wurde. Sie kommt nur in Zelltypen mit Zellkern (eukaryontische Zellen) vor. Es handelt sich um das Mitochondrium. Die naturwissenschaftliche Standardgeschichte zu dieser Zellorganelle liest sich in etwa so (Quelle Doccheck):

In den Mitochondrien laufen die chemischen Reaktionen der Atmungskette ab. Dadurch ist es möglich, aufgenommene Glukose mit einem hohen Effizienzgrad zur Synthese von ATP zu verwenden. ATP wird im Intermembranraum (zwischen den beiden Membranen der Doppelmembran) synthetisiert und kann von dort ins Zytosol der Zelle abgegeben werden.

Weiterhin sind die Mitochondrien an den Reaktionen des Citratzyklus und der Beta-Oxidation beteiligt. Mitochondrien stellen einen intrazellulären Speicher für Kalzium dar und dienen so auch der Homöostase der Zelle.

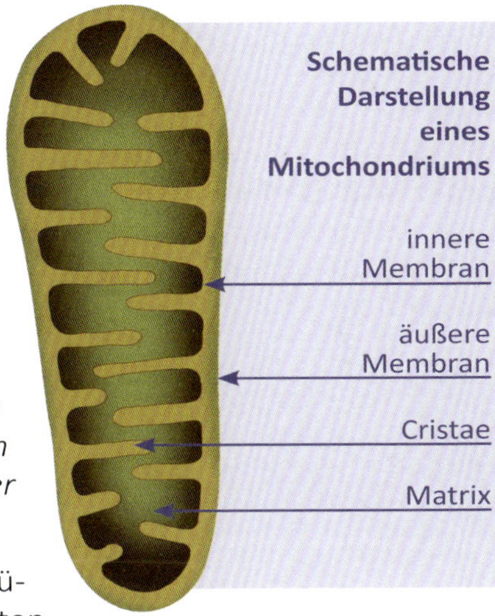

Schematische Darstellung eines Mitochondriums

Sehr nett – so steht es in den meisten Büchern. Glaubt man aktuellen und aktuellsten Vorträgen, dann machen diese Aufgaben vermutlich maximal ein Fünftel der Aktivität dieser Mitochondrien aus.

In der Folge nun kurze Auszüge aus einigen Vorträgen zum Thema, um einige wesentlich erscheinende Puzzlesteine zu sammeln, die zumindest ein wenig Licht in des Dunkel hinter der rätselhaften Erschöpfung bringen könnten.

Erst seit 2000 gibt es die „Gesellschaft für mitochondriale Medizin" (Mitochondrial Medicine Society; www.mitosoc.org) – 2012 referierte ihr damals aktuell neu gewählter Präsident, Dr. Sumit Parikh, Neuropädiater mit Sitz in Cleveland, auf der Jahrestagung der UMDF (United Mitochondrial Disease Foundation) eine „Einführung in die mitochondrialen Erkrankungen" (https://www.youtube.com/watch?v=QC_1kE4tsXk). Hier zunächst einige ausgewählte und übersetzte kurze Passagen – gleichsam als einleitende Schlagworte . . .

„Ich vergleiche dieses Thema häufig mit dem Eindringen in eine ‚furchteinflößende neue Welt'. Die Störungen sind verwirrend, und der Weg bis zu deren Diagnose war unglücklicherweise lang. ... Erst seit den 1970er-Jahren wissen wir, dass es diese Erkrankungen gibt, und bis in die 1990er-Jahre gab es kaum nennenswerte Forschung dazu. ... In den letzten fünf bis zehn Jahren hat sich die Situation aber völlig verändert. ... Trotz enormer Anstrengungen bleibt auf diesem Gebiet noch viel zu tun. ... Mitochondriale Störungen können Menschen

jeden Alters betreffen, nahezu alle Arten von Symptomen hervorrufen und fast alle bekannten Erkrankungen imitieren. ... Das stellt bezüglich ihrer Identifizierung eine große ärztliche Herausforderung dar. ... Kurz die Geschichte eines 20-jährigen Mädchens, einer College-Studentin. Im Verlauf ihrer ersten größeren Infektionserkrankung war sie nach nur acht bis zehn Stunden ohne Nahrung und Flüssigkeitsaufnahme so völlig dehydriert, dass sie in eine Intensivstation gebracht werden musste. ... Davor hatte sie niemals derartige Probleme. ... Die Breite hinsichtlich der Phänomene und betroffenen Altersgruppen ist enorm breit. Mitochondrienstörungen können gemeinsam mit idiopathischem Autismus, schwerer Epilespie, isoliertem Nierenversagen oder Nebenniereninsuffizienz einhergehen. Es ist naheliegend, dass das nicht nur bei Ärzten, sondern auch bei Betroffenen oder deren Familien zu einiger Verwirrung führt, wenn die Frage beantwortet werden soll, ob eine Mitochondrienstörung tatsächlich vorliegt. ...“

Die nachfolgenden Ausführungen folgen im Wesentlichen dem oben genannten Vortrag.

Werfen wir einen Blick zurück in die Entwicklungsgeschichte. Mitochondrien haben den Menschen immer begleitet. Mehr noch, sie waren vor ihm da und haben einen bakteriellen Ursprung. Das ruft in letzter Zeit vermehrt Interesse

hervor – diese Ähnlichkeit mit den Bakterien. Oder sollten Mitochondrien sogar als Bakterien angesehen werden? Immerhin können Antibiotika Mitochondrien Schäden zufügen.

Es gibt diese nette Vorstellung, jede Zelle hätte „ihr" Mitochondrium, ihr Kraftwerk – aber das stimmt nicht. Es sind Hunderte und Tausende von Mitochondrien pro Zelle! Mal Trillionen von Zellen im Körper – also eine unvorstellbar große Zahl an Mitochondrien. „Gazillionen"/aberzig Millionen. Tatsächlich fluktuiert die Zahl der Mitochondrien gleichsam aktuell in Abhängigkeit von den Bedürfnissen des Organismus.

Aber welche Rolle spielen sie? Reflektorisch spricht man vom Zellkraftwerk, aber Mitochondrien tun und können viel mehr. Da wäre zunächst die Apoptose. Mitochondrien reagieren auf Zellschwächen, indem sie ab einem bestimmten Devastationsgrad einer Zelle zu deren eigenen Meuchelmördern werden – eine ihrer wichtigsten Aufgaben. Ein weiteres Thema sind die freien Radikale. Mitochondrien produzieren, aber sie zerstören auch freie Radikale.

Sind Mitochondrien „krank“, produzieren sie diese kleinen biochemischen Bomben. Gleichzeitig sind sie in ihrer Funktion, freie Radikale zu eliminieren, geschwächt.

Es gibt also eine Menge mehr zu verstehen als die Rolle der Mitochondrien in der Energieproduktion. Das eröffnet eine Menge an Möglichkeiten von Krankheiten, die auf entsprechende Funktionsstörungen zurückgeführt werden könnten.

Dennoch ist die Energiefunktion wichtig und oft involviert. In diesem Zusammenhang sind Mitochondrien in sogenannten „Superkomplexen“ organisiert – von Komplex I bis letztlich V inklusive CoQ (Co-Enzym Q). Doch ganz so einfach ist das nicht. Selbst wenn alle Komponenten intakt sind, kann einfach die Fähigkeit gestört sein, daraus die funktionierenden Komplexe zu bilden. Schon hier kann ein Defizit Krankheitswert haben. Superkomplexe per se sind dann weiter organisiert zu „Street-Komplexen“ oder Superior-Komplexen – also höheren Organisationsstufen.

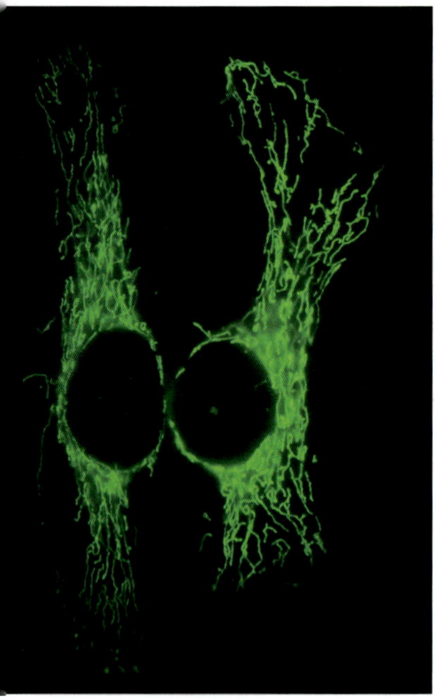

Aufgrund ihres bakterienähnlichen Ursprungs können sich Mitochondrien ähnlich wie Bakterien teilen und neu miteinander verschmelzen. Störungen auf diesem Niveau führen ebenfalls zu Erkrankungen.

Wie bei den Bakterien, so gibt es auch zwischen Mitochondrien eine Art von Kommunikation – sie „sprechen“ miteinander. Aber nicht nur das – sie kommunizieren zusätzlich mit dem Zellkern. Kommunikationsprobleme in diesem Umfeld ziehen gleichfalls Krankheiten nach sich.

Es gibt elektrochemische Beispiele für Kommunikation mit weiteren Strukturen – wie etwa dem endoplasmatischen Reticulum, obwohl wir nicht wissen, was die beiden Strukturen einander konkret zu sagen haben. Etwa in den Axonen des Hippocampus kann man sehen, wie Mitochondrien gezielt in jene Zellregion wandern, die offenbar den höchsten Energiebedarf hat. Ein Phänomen, das wir auch in Muskelzellen sehen, wenn ein Muskelabschnitt einen höheren Energiebedarf aufweist.

Was bedeutet dies in der Praxis? Wo überall benötigen wir „mehr Energie"?

Hier eine kleine Aufstellung:

- Spermienmotilität (Beweglichkeit der Spermien),
- Angiogenese (Entstehung neuer Blutgefäße),
- Cortisol-/Steroid-Synthese (Stress-Reaktion),
- Vitamin-D-Stoffwechsel,
- Calciumaufnahme,-speicherung, -freisetzung,
- neutrophile Chemotaxis,
- Plättchenaggregation,
- Makrophagen- und T-Zell-Aktivierung,
- DNA-Purin-Pyrimidin-Synthese,
- andere Stoffwechselvorgänge.
- „Kranke" Mitochondrien fördern Entzündungsreaktionen.

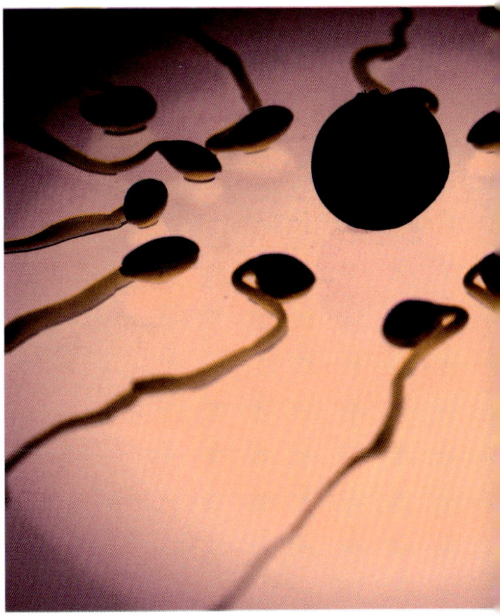

Das Problem ist, dass wir zu wenig wissen, um einzugreifen, da wir nicht wissen, wo wir eingreifen sollen, in welcher Stufe, Dimension, Ebene.

Mitochondrien sind möglicherweise die einzigen Strukturen im Körper, die zwei genetische Baupläne aufweisen – die nukleare und die mitochondriale DNA. Die nukleare DNA entspricht der „normalen" DNA – 50 % von jedem Elternteil. Diese Information umfasst etwa 30.000 Gene, und selbst der kleinste „Tippfehler" kann hier zu einer Störung führen. Diese „reguläre" DNA versorgt das Mitochondrium zu 80 % mit den notwendigen Informationen. Derzeit glaubt man, dass die Information von etwa 1.400 Genen für die korrekte Konstruktion des Mitochondriums erforderlich ist. Davon bekannt sind in etwa 1.200 – es ist also noch Einiges an Forschung zu leisten.

Aber da ist noch diese „andere" DNA – die mitochondriale DNA. Sie repräsentiert gleichsam den „zweiten genetischen Bauplan". Diese Informationen kommen ausschließlich von der Mutter! Sie tragen zu 20 % zum regelrechten Aufbau des Mitochondriums bei. Mit 37 Kapiteln ist das eine kleinwinzige Informationseinheit mit großer Bedeutung.

Was haben wir noch gelernt seit dem Jahr 2000? Der Organismus verfügt über eine Art Filtersystem. Im Körper gibt es Hunderttausende Kopien der mitochondrialen DNA. Die Keimzelle verfügt über etwa 100.000, das Eibläschen über 5.000, die Eizelle über 500 und nur 50 stehen dem Mutterorganismus dann schlussendlich für die Weitergabe an das Baby zu Verfügung. Vermutlich entspricht das einer Art Qualitätskontrolle, die schadhafte Kopien aussortiert – nur die Besten kommen durch! Die vermutliche Fehlerquote nach heutigen Erkenntnissen ist etwa 1 : 200, wo es zu einer Art „Druckfehler" – mit welchen Konsequenzen auch immer – kommt. In diesen Fällen könnte es zu mitochondrienbedingten Erkrankungen kommen. Das bedeutet allerdings nicht, dass es in jedem Fall zu einer Störung kommen muss. Wesentlich sind hier nicht zuletzt die Rahmenbedingungen – genetisch, epigenetisch und das tatsächliche Lebensumfeld –, ob es zu krankhaften Folgen kommt.

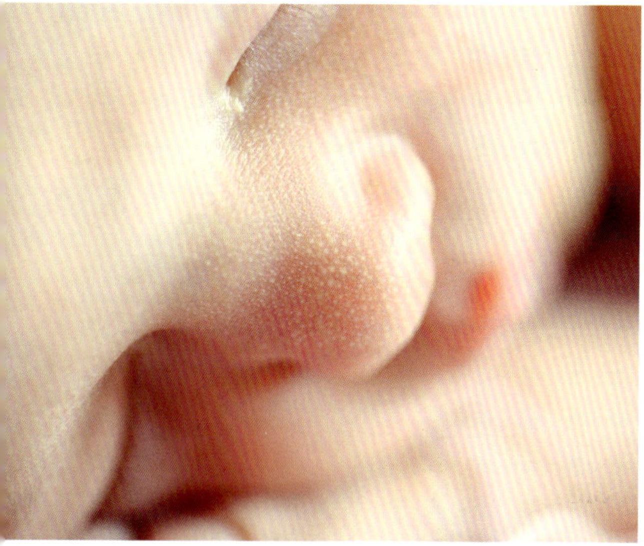

Es scheint gesichert, dass Mitochondrien bakterielle Wurzeln haben. Die Art der Vorfahren ist von entscheidender Bedeutung, wie unser Organismus funktioniert. Je nach ethnischer Abstammung können Mitochondrien zugeordnet werden. Unglücklicherweise tragen in diesem Zusammenhang manche Teile der Welt eine höhere Last an potentieller Erkrankungskapazität als andere – zumindest in Bezug auf bestimmte Krankheiten. Die entscheidenden Strukturen nennt man „Haplo-Groups" – sie tragen Erkrankungspotentiale. Also etwa: Warum erkranken in einer Region Mitglieder einer Familie viel stärker an Diabetes als die einer anderen? Oder: Warum reagieren manche Patienten gut auf eine Chemotherapie und andere nicht. Letztere Frage wurde durch die Arbeit der österreichischen Forscherin Daniela Kandioler und die damit verbundenen Ergebnisse zum p53-Gen allerdings mittlerweile bereits beantwortet.

Was sind mitochondrienbedingte Erkrankungen und was passiert da?

Grundsätzlich gibt es bei der enormen Zahl an Mitochondrien im Organismus natürlich immer welche, die „krank" sind, Funktionsdefizite aufweisen. Bedeutsam ist jedoch die Verteilung. Treten mehr funktionsgestörte als gesunde auf, dann kann es zu Konsequenzen wie Energieprobleme, veränderte Zellkaskaden oder schlichtweg Apoptose (eine Form des programmierten Zelltods) kommen.

In der Folge sind natürlich Organsysteme davon betroffen – allen voran das Gehirn, das 20 % der Gesamtenergie im Organismus verbraucht.

Wie kommt es zu Pools an erkrankten Mitochondrien? Auf diese Frage bezieht sich das Konzept von primären versus sekundären Mitochondrienfunktionsstörungen (MFS). Primär hat dabei einen Bezug zur DNA – etwa als Kopierfehler in einer Aminosäuresequenz mit der Folge, dass betroffene Mitochondrien gleichsam einen Konstruktionsfehler aufweisen.

Dem gegenüber stehen die sekundären Störungen – sie treten infolge bestimmter Gegebenheiten auf. Dazu gehören schwere Erkrankungen, die einen Aufenthalt in der Intensivstation erforderlich machen, wie Sepsis, Meningitis, Schockzustände oder Herz-/Nieren-Versagen – um einige Beispiele zu nennen. Weiters können auch bestimmte Medikamente oder Substanzen auf Zellebene die Mitochondrienfunktion stören. Dazu gehören Statine (Lipidsenkung), Valproinsäure (Epilepsietherapie), Propofol (Sedierung/Anästhesie), Aminoglycoside (Breitbandantibiose), Chemotherapeutika (Krebs-

behandlung), HIV-Medikamente, Methanol oder Kohlenmonoxid. Diese Hinweise beziehen sich auf die Zellebene und können nicht notwendigerweise auf den Organismus als solchen umgelegt werden.

Auch verschiedenen Erkrankungen wird – insbesondere nach langer Dauer – konkret die Fähigkeit zur MFS zugeordnet:

- Morbus Alzheimer,
- Diabetes,
- Morbus Parkinson,
- ALS (Amyotrophe Lateralsklerose, eine chronisch-degenerative Erkrankung des Zentralen Nervensystems).

Von vermutlich erheblicher Bedeutung ist die große Gruppe der Stoffwechselstörungen von Neurotransmittern, Kreatinin, Aminosäuren, Fettsäuren, Biotin, Panthoten, Pyridoxin, Carnithin, Kupfer u.v.a.m.

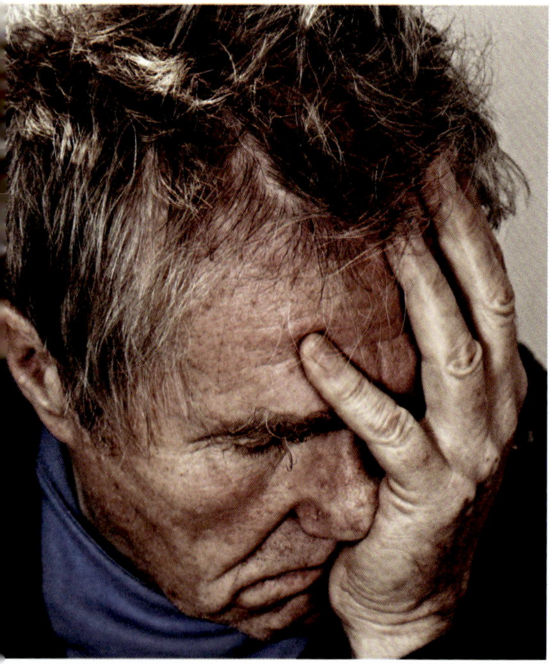

Unabhängig davon können auch verschiedene Gendefekte wie Dup15a-, Down-, Rett-, Aicardi-, Silver-Russell- oder Di-George-Syndrom an Mitochondrienfunktionsstörungen (MFS) beteiligt sein.

Hunger/Gewichtsverlust/Anorexie etwa infolge chronischer Erkrankungen zeigen ebenfalls ein MFS-Potential, schädigen die Mitochondrienfunktion, die sich nach Aufhebung dieses Zustandes jedoch wieder normalisiert.

Es gilt allerdings festzuhalten, dass nicht in allen Fällen gestörter Mitochondrienfunktion tatsächlich Krankheitswertigkeit vorliegt. Hier ist insbesondere zu bedenken, dass MFS-Symptome bereits definierte und gut behandelbare Erkrankungen imitieren können. Alle diese müssen vor der Diagnose einer MFS ausgeschlossen werden.

Wer erkrankt an einer Mitochondrienfunktionsstörung (MFS)?

Die Primäre MFS kann über beide Elternteile vererbt werden. An die 200 Transskriptionsfehler sind identifiziert. Nicht alle erzeugen ein definiertes Krankheitsbild. Die Art und Zahl der möglichen Symptome ist vielfältig, was die Diagnose ebenfalls sehr erschwert.

Man hat versucht, hier eine Standarisierung zu schaffen:

- Mehr als 3 Organsysteme müssen betroffen sein.
- Es finden sich wiederkehrende Symptome, Remissionsphasen und Krankheitsschübe.

Unter www.mitosoc.org findet sich ein „Mitochondrial Disease Toolkit" als Hilfestellung zur Diagnose.

Symptome höchster Ordnung/Alarmsymptome sind demnach

- nicht gefäßbedingte Schlaganfälle,
- Basalganglienläsionen,
- Kleinhirnstörungen,
- Myoclonus (kurze unwillkürliche Zuckungen einzelner Muskeln oder Muskelgruppen),
- Epilepsia partialis continua,
- unerwartete, nicht erklärbare Hörverluste,
- Retinitis pigmentosa,
- Störungen der Augenmuskelkontrolle (besonders Augenlid),
- Wachstumsstörungen (zu klein im Vergleich zur Familie),
- Probleme, trotz hochkalorischer Nahrung Gewicht zuzulegen,
- Herzarrhythmie, kardiale Hypertrophie,
- Darmmotilitätsstörungen,
- schwere Hypotonie,
- progrediente Leberfunktionsstörungen,
- Bewegungs-/Belastungsintoleranz – insbesondere mit der Unfähigkeit, den angebotenen Sauerstoff adäquat zu verarbeiten,
- allgemeine Aufwachstörungen.

Das sind nur ausgewählte Symptome, auf der oben angeführten Gesellschafts-Website finden sich weitere Ergänzungen für einzelne Organbereiche.

An dieser Stelle verlassen wir den hochinteressanten Vortrag aus dem Jahr 2012. Zeit also, nach weiteren Mosaiksteinen zu suchen, die vielleicht Auskunft über die Hintergründe des Chronischen Fatigue-Syndroms (CFS) geben können.

Diese Suche bringt uns in den Februar 2015 zu einem Vortrag von Dr. Jon D. Kaiser, medizinischer Leiter und Gründer der Firma K-PAX Pharmaceuticals mit Sitz in Kalifornien. Ein Unternehmen, das sich nach eigenen Angaben mit Substanzen zur Immunstärkung und der Behandlung des CFS beschäftigt. Die Details sind abrufbar unter www.youtube.com/watch?v=SiKgk9sBa2I.

Natürlich sei an dieser Stelle erwähnt, dass es sich bei den Ausführungen von Kaiser um „tendenzielle“ Aussagen handelt. Er gehört der klinischen Fakultät der Universität Kalifornien, San Francisco Medical School an. Kaiser glaubt, dass das CFS zu den MFS gehört und forscht im Namen (s)eines Pharmaunternehmens. Die Medizin ist ja dererlei weltweit gewöhnt, und so soll Kaiser seine Chance haben. Und ja, so mancher hochgelobte Ansatz war zwei Jahre danach kaum noch erwähnenswert. Wir werden sehen – es ist sehr spannend!

Verbunden werden zunächst die Elemente mitochondriale Medizin, (pathologische) Müdigkeit und ME/CFS. Es fehlt nicht der Hinweis, dass es sich um den Off-Label-Use der zitierten Substanzen handelt. Für jene, die damit nicht vertraut sind, ist dies gleichzusetzen mit der Verwendung einer Substanz für ein medizinisches Ziel, für das sie keine Zulassung hat.

Faktum ist, dass das CFS (der Einfachheit halber wird diese Bezeichnung analog zu Vortrag übernommen, obwohl die aktuelle/moderne Terminologie SEID sicher zutreffender ist) seit etwa rund 25 Jahren bekannt, d.h. beschrieben ist. Die Kriterien der CDC (Centers for Disease Control and Prevention in Druid Hills, USA) aus dem Jahr 1994 (also schon mehr als zwanzig Jahre alt) beschreiben es wie folgt:

- Markante bis schwere Ermüdungsbereitschaft für mindestens sechs Monate,
- Ausschuss aller anderen möglichen Ursachen,
- Auftreten von mindestens vier der folgenden Symptome:
  - verminderte Konzentration/Gedächtnisleistung,

- Krankheitsgefühl nach Anstrengung,
- unerholsamer Schlaf,
- multiple Muskel- und/oder Gelenkschmerzen,
- häufige Kopfschmerzen,
- Lymphknotenschwellungen im Hals oder Axillarbereich,
- wiederkehrende Pharyngitis (Rachenentzündung).

Jon Kaisers immunologische Wurzeln liegen bei der Behandlung von HIV/AIDS. Hier kam er erstmals mit der Problematik der regulären mitochondrialen Funktion in Berührung. Vor allem deshalb, weil frühe antivirale AIDS-Therapien wie AZT, D4T oder DDI eine hohe mitochondriale Toxizität als Nebenwirkung aufwiesen. Konkret handelte es sich um die Hemmung der mitochondrialen DNA-Polymerase („Konstruktionsenzym“ der DNA). Das wiederum führte zu einer Erhöhung der ROS, mitochondrialer Dysfunktion und extensiver Apoptose (programmierter Zelltod, „Zellselbstmord“). ROS sind „reactive oxygen species“, also hoch reaktive Sauerstoffverbindungen/Sauerstoffradikale, die als Ursache für den „oxidativen Stress“ gelten. Dabei ist die normale Reparatur- und Entgiftungsfunktion einer Zelle überfordert, was folglich zu einer Schädigung aller zellulären und extrazellulären Makromoleküle führt.

Beschränkt man sich auf die „Kraftwerkfunktion“ der Mitochondrien, so besteht diese darin, dass Kohlenhydrate und Fette aus der Nahrung unter Einwirkung von O_2 (Sauerstoff) oxidiert werden. Dabei entstehen als Energieträger H-Ionen und als „Abfallprodukte“ OH-Ionen, O_2-Ionen (die zwei letzteren sind Sauerstoffradikale) sowie H_2O_2-Ionen (Peroxid-Radikal). Vereinfacht sprechen wir hier von „Verbrennung“ wie in einem Automotor, wobei Kohlenhydrate/Fette den Treibstoff darstellen. Das sind dann etwa 300.000 kleine Verbrennungsmotoren in jeder Zelle – denn das ist in etwa die Zahl der zugehörigen Mitochondrien.

Der essentielle „Energieschritt“ dabei ist, dass ADP (Adenosindiphosphat) in ATP (A-Triphosphat) umgewandelt wird. ATP ist gleichsam die „Energiewährung“ des Organismus. Jeder Energieverbrauch wird in ATP bezahlt. Dabei entsteht neben „chemischer Energie“, die das Substrat der Zellarbeit darstellt, als Nebenprodukt Wärme. Wie beim Automotor auch. Das ist für alle Zellen im Organismus gleich, unabhängig von ihrer spezifischen Funktion – Herzschlag, Immunsystem, Darmfunktion oder was auch immer. Weniger bekannt ist, dass die dabei anfallende Wärme unsere Körpertemperatur als biologische „Warmblüter“ ausmacht.

Können die oben erwähnten Radikale nicht entsorgt, also in weniger brisante Verbindungen übergeführt werden, dann entsteht der gefürchtete „oxidative Stress“. Mit fatalen Konsequenzen für das Mitochondrium, denn Fett-Peroxidierung, Eiweiß-Oxidierung und DNA-Veränderungen führen zu schwersten Zellschäden.

Um diese freien Radikale in Schach zu halten, hat die Natur ein Gegenregulat entwickelt – antioxidative Nahrungsstoffe und-Enzyme. Aus ihrer Arbeit heraus entstehen als „Abfallprodukte“ CO_2 und Wasser – also harmlose Stoffwechselprodukte.

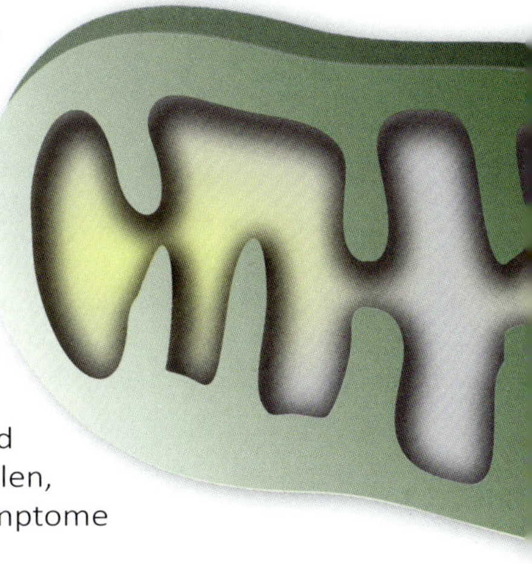

Warum ist das wichtig? Bei der Mitochondrienfunktionsstörung konnte man zeigen, dass es – vereinfacht gesprochen – zu einer Gleichgewichtsstörung dieser Abläufe kommt, weil antioxidative Substanzen und Enzyme absinken. Ein Zuviel an oxidativen Abfallprodukten induziert dabei nicht nur den Untergang von Mitochondrien, sondern auch von Zellen. Was wir sehen, sind die Symptome der Krankheit.

Das erklärte Ziel der „mitochondrialen Medizin" ist nun, alles zu tun, um – gegebenenfalls durch externe Zufuhr – die Situation der Mitochondrien ausreichend zu stützen, ihre regelrechte Funktion wiederherzustellen, um so die Erkrankung/Störung – die belastenden Symptome – zum Verschwinden zu bringen.

Prof. Beatrice Golomb – bekannt durch ihre Arbeiten zur sogenannten „Gulf-War-Illness" (Golfkriegsyndrom 1991/92) – definierte die Mitochondrienfunktionsstörung wie folgt:

„Die klassische Erscheinungsform einer Erkrankung, die auf eine mitochondriale Funktionsstörung zurückgeführt werden kann, ist eine, die multiple Symptome einer Vielzahl von Herkunftsbereichen umfasst."

Das mag verwirren, darf aber nicht verwundern, denn Mitochondrien sind in jeder Zelle des Organismus enthalten, unabhängig von deren Funktion. Der übliche naheliegende direkte Kontext von Störung und Funktion ist somit nicht gegeben – vielmehr könnte es von der Zahl der Mitochondrien bzw. vom erforderlichen, funktionsbezogenen Energieaufwand abhängen, welche Art von Leitsymptomen sich ergibt.

Leitet man weiter zu den Leitsymptomen des CFS, dann begegnet man folgenden Details:

- „Brain Fog" (verminderte Basisleistung des Gehirns),
- Gedächtnisprobleme,
- verminderte Aufmerksamkeit,
- Konzentrationsstörungen,
- affektive Phänomene wie Depression oder Angststörungen.

Das Gehirn benötigt 20 % aller Energie, die der Körper erzeugt, daher wundert es nicht, hier vor allem Symptomen aus dem Bereich des ZNS zu begegnen.

Ebenfalls energieintensiv ist das Immunsystem, das eine Reihe weiterer CFS-Symptome liefert:

- grippeähnliche Symptome,
- Lymphknotenschwellung,
- chronische Entzündung,
- Hemmung der NK- (natural killer cell) Funktion (NK-Zellen sind Teile des Immunsystems).

Dennoch in jeder Weise so unspezifisch wie es unspezifisch nur sein kann ...

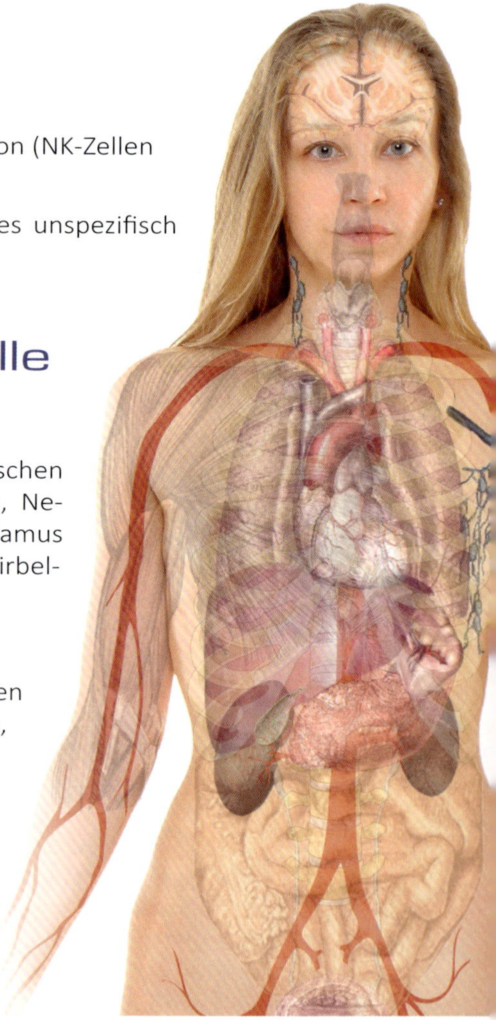

Schauplatz „hormonelle Funktionsstörung“

Auch hier können eine Menge von unspezifischen Störungen auftreten: Schilddrüsendysfunktion, Nebennieren-Dysfunktion, Störungen an Hypothalamus (Abschnitt im Zwischenhirn) und Epiphyse (Zirbeldrüse des Gehirns).

Folgen davon können sein:

- verminderte Cortisolproduktion mit Störungen in Immunsystem und Psyche (Stressreaktion),
- Störungen bei dem DHEA (Sexualsteroidproduktion) oder beim Aldosteronspiegel (Nierenfunktion),
- Herzfrequenzstörungen.
- Körpertemperatur und Schlaffunktion können betroffen sein.
- Häufige kardiovaskuläre Symptome sind Tachykardie („Herzrasen“), Hypotonie

(erniedrigter Blutdruck) und POTS (paroxysmal orthostatic tachycardia syndrome).

- Bis zu 40 % der Betroffenen leiden unter gastrointestinalen Störungen wie Obstipation (Verstopfung), Diarrhoe (Durchfall) und reizdarmähnlichen Symptomen.
- Auf Seiten des muskuloskeletalen Systems findet man generalisierte chronische Körperschmerzen, Spannungskopfschmerz und Entzündungszeichen.

Zusammenfassend bleibt festzuhalten, dass bei ME/CFS mindestens sechs Körpersysteme betroffen sind. Der Hintergrund einer mitochondrialen Erkrankung erscheint dafür derzeit die plausibelste Hypothese zu sein. Aber es werden auch andere potentielle Ursachen erforscht, wie Virusinfektionen oder Autoimmunprozesse, wobei das per se eine mitochondriale Beteiligung ja nicht ausschließt bzw. können Autoimmunstörungen mitochondriale Dysfunktion hervorrufen. Das könnte bedeuten, dass möglicherweise zwar eine andere Ursache verantwortlich ist, mitochondriale Störungen aber gleichsam den gemeinsamen Mechanismus dieser Symptome darstellen.

Seitens der Wissenschaft gibt es seit Längerem Hinweise auf die mitochondriale Genese von ME/CFS:

- Niedrige Acylcarnitin-Blutspiegel weisen auf eine verminderte Energieproduktion in Muskelzellen hin.
- In Muskelbiopsien wurde eine abnorme Mitochondrienmorphologie festgestellt.
- MFS und Schäden durch oxidativen Stress werden mit der Pathogenese von ME/CFS in Verbindung gebracht.
- Störungen bei der Bildung von ATP (Adenosintriphosphat, ein wichtiger Energieträger in Zellen) aus ADP (Adenosindiphosphat) werden ebenfalls damit in Zusammenhang gesehen.
- Rezente Studien stellen in MRI-Scans einen verminderten Glutathion- und einen erhöhten Laktatgehalt in den Gehirnen von CFS-Patienten fest. Als Folge des erhöhten Milchsäuregehalts kommt es zur cerebralen Hypoperfusion – vergleichbar mit dem Phänomen bei Muskelüberlastung –, was wiederum zu einem Teufelskreis mitochondrialer Zerstörung in CFS-Gehirnen führt.

Es liegt hier also möglicherweise ein Bezug zu fehlerhaften antioxidativen Prozessen im Mitochondrium vor. Das verleitet dazu, Antioxidantien einzusetzen, deren Liste lang ist: Zink, Selen, Vitamin B_6 (Pyridoxin), Vitamin C, Vitamin E, Glutathion, Beta-Carotin, Coenzym Q_{10} oder Alpha-Liponsäure (ALA). Soll man also all diese Substanzen in möglichst hohen Dosen einsetzen?

Aus verschiedenen Studien, die nicht im Zusammenhang mit ME/CFS gemacht wurden, sich aber mit der Frage des Bezugs von Mitochondrienfunktion und oxidativem Stress beschäftigt haben, gehen Hinweise hervor, welche Substanzen bzw. Kombinationen zur Senkung von oxidativem Stress nützlich sein könnten. Es handelt sich vor allem um

- Glutathion sowie
- Acetyl-L-Carnitin (ACAR) + Liponsäure.

Was sind die Funktionen von ACAR? Es fördert den Brennstoff in den Mitochondrien durch erhöhten Fettsäuretransport und die Beta-Oxidation von Fetten. Die Acetylgruppe kann an Cholin abgegeben werden, um Acetyl-Cholin – eine wichtige Substanz in der Nervenfunktion – zu bilden. Die Acetylgruppe kann weiters für Methylierungsprozesse in der Leber und eine gesteigerte Energieproduktion im Citratzyklus dienen. Aus diesem Grund sollte bei der Verabreichung (Supplementierung) eher ACAR gegenüber Carnitin der Vorzug gegeben werden.

Jon Kaisers Empfehlungen zur Unterstützung der Mitochondrienfunktion umfassen daher folgende Substanzen und Dosierungen:

- ACAR – 1.000 mg pro Tag,
- Glutathion – 1.200 mg pro Tag,
- ALS – 400 mg pro Tag.

Flankierend können weiters gegeben werden:

- Beta-Carotin – 20.000 IE (internationale Einheit) pro Tag,
- Vitamin C – 2.000 mg pro Tag,
- Vitamin D – 1.000 IU pro Tag,
- Vitamin E – 800 IU pro Tag,
- Selen – 200 µg pro Tag,
- Zink – 30 µg pro Tag.

Diese Kombination testete Kaiser bei HIV-Patienten mit Folgeerscheinungen mitochondrialer Toxizität/Dysfunktion im Rahmen einer randomisierten, placebokontrollierten Doppelblindstudie. Sie wurde bzw. wird von K-PAX Pharmaceuticals als K-PAX IMMUNE FORMULA angeboten.

Auf Basis dieser Erfahrungen verabreichte Kaiser dieses Kombinationspräparat auch an ME/CFS-Patienten, basierend auf der Annahme, diese Erkrankungen seien auf eine massive MFS zurückzuführen. Der Erfolg war allerdings mäßig,

was zur Suche nach effizienteren Medikationen führte. Jahrelange Tests erbrachten letztlich ein überraschendes Ergebnis, denn es waren niedrige Dosierungen von Methylphenidat, die als Wirkungskatalysator der bereits bekannten Supplementkombination erfolgreich zu sein scheinen. Diese Substanz gehört als Ritalin™ zu den Standards in der Behandlung des AD(H)S (Aufmerksamkeitsdefizit-/Hyperaktivitätsstörung). Gleichzeitig schienen die Supplemente die Nebenwirkungen von Methylphenidat zu reduzieren. Kaiser sah bei schweren Fällen von ME/CFS rasche Erhöhungen des Energielevels der Patienten, deutliche Verbesserungen bei der Aufmerksamkeit bzw. Konzentration sowie schrittweise Verbesserungen funktionaler Leistungen wie Rückkehr an den Arbeitsplatz, aktives Familienleben etc.

Diesen Beobachtungen folgte eine erste offene Studie (KPAX 002) über drei Monate, um das Therapiekonzept als solches zu belegen. Die Teilnehmer wiesen folgende Basisdaten auf:

- mittleres Alter der Patienten: 45,4 Jahre (28–65),
- mittlere Krankheitsdauer: 12,4 Jahre (1–27),
- Verteilung Männer/Frauen: 7/8,
- CIS-Scoring: 108 (normal < 75). CIS steht für Checklist Individual Strength, ein Patientenselbstbeurteilungsfragebogen mit 20 Punkten und einer Gewichtung von 1 bis 7. Werte über 100 gelten

als „symptomatisch“, also hoch auffällig. Die „Normallinie“ liegt bei 75. Dieses Konzept wird seit den 1990er-Jahren schon für die CFS-Bewertung eingesetzt.

Anmerkung: Es ist gegebenenfalls darauf zu achten, dass manche der im Internet veröffentlichten Fragelisten – auch jene von K-PAX – Fehler enthalten, was die Aus-/Bewertung betrifft. Bei manchen Fragen muss man die Punktezahl invers (umgekehrt) ansetzen, um zum „richtigen“ Ergebnis zu kommen.

Für viele Leser wäre es sicher spannend, wenn man an dieser Stelle diesen Fragebogen abbildet. Dazu muss man aber die Bewertungsanleitung unter http://arni.uk.com/pdf/CIS.pdf verwenden.

Die Ergebnisse der Pilotstudie waren vielversprechend. 87 % der Patienten erlebten eine signifikante klinische Besserung der Symptomatik. Nach vier Wochen kam es zu einem Belastungsrückgang von 32 % (ausgehend von 108), nach 12 Wochen betrug der Belastungsrückgang 34 %. In der Praxis betraf das nicht zuletzt die funktionellen Fähigkeiten.

Aus dem CIS kann man auch gesondert jene Fragen bewerten, die sich auf Konzentrationsstörungen beziehen. Hier betrugen die Besserungen 34 % nach vier Wochen und 43 % nach zwölf Wochen Therapie.

Es ist nachvollziehbar, dass auf Basis dieser Ergebnisse ein nächster Schritt in Form einer etwas größeren Studie – die „Synergie-Studie“ – folgte. 134 Patienten nahmen teil, bewertet wurde an vier Zentren in den USA (Stanford

Universität mit 50 Patienten, Salt Lake City mit 38 Patienten, New York City mit 28 Patienten und Nova Southeastern University in Fort Lauderdale mit 18 Patienten).

Diese Zentren gehören zum Besten, was die USA zum Thema CFS zu bieten haben. Die Studie wurde im Jahr 2014 durchgeführt. Im Mai 2015 erschienen erste vorläufige Ergebnisse. Interessenten können sich per E-Mail bei KPAX melden und sich auf dem Laufenden halten lassen. Informationen zur Studie bietet auch die Homepage www.thesynergytrial.org.

Die Eckdaten der Studie lauten wie folgt:

- Durchschnittsalter: 43,4 Jahre (20–59),
- Krankheitsdauer: 11,6 Jahre,
- Verteilung Männer/Frauen: 39/96,
- CIS-Score: 112.

Die Ergebnisse konnten mit den zweifellos hohen Erwartungen leider nicht ganz mithalten. In der CIS-Bewertung sanken die Werte um 13 Punkte in der Placebogruppe und um 22 in der Verumgruppe. Dieser Unterschied ist statistisch nicht signifikant, K-PAX Pharmaceuticals fühlt sich jedoch ermutigt, weiterzuforschen. Möglicherweise liegt hier ein besonders starker Placeboeffekt vor. In Abhängigkeit vom Grundleiden kann der Placeboeffekt bis zu 70 % betragen. Hinsichtlich der Signifikanz könnte die relativ geringe Probandenzahl einen ungünstigen Einfluss haben.

Da die Ergebnisse in einem noch nicht näher genannten Fachmagazin publiziert werden sollen, darf man gespannt sein, was dort dann zu lesen sein wird.

Abschließend hier noch eine interessante statistische Auswertung: Müdigkeit und Erschöpfbarkeit stehen nicht immer isoliert mit dem CFS in Verbindung. Auch unter anderen Rahmenbedingungen können diese Symptome auftreten, wie ein Zahlenüberblick aus den USA zeigt:

- 65 % krebsbedingt,
- 9 % neurodegenerative Erkrankungen,
- 9 % Fibromyalgie,
- 6 % chronische Hepatitis,
- 6 % CFS,
- 6 % andere Erkrankungen.

Was tun?

Wenn ein Krankheitsbild trotz engagierter Forschung gleichsam einen weißen Fleck auf der wissenschaftlichen Landkarte darstellt, dann ist die Frage nach der „richtigen“ Therapie in der Regel eine bange.

Alle Aktivitäten zu Forschung, Definition, Bewertung oder Behandlung sind sehr auf die USA bzw. Nordamerika fokussiert. Im Vertrauen darauf, dass die intensiven Bemühungen dort vermutlich auch den höchsten Wissensstand bewirken, orientieren sich die nachfolgenden Ausführungen zu therapeutischen Ansätzen an jenen der US-amerikanischen CDC (Centers for Disease Control and Prevention).

Generelle Anforderungen

- Die möglichen Hintergründe der Erkrankung mit den Patienten besprechen.
- Die Patienten in die Entwicklung und Definition der Therapieziele einbeziehen.
- Jene Symptome herausarbeiten, die am stärksten mit der Funktionalität und dem Wohlbefinden der Patienten interferieren.

Strategische Ansätze

- Steuerung der Aktivitäten

  Ein belastungsabhängiges Krankheitsgefühl und Belastungsintoleranz sind Kernsymptome bei CFS. Bereits geringe Anstrengungen können zu einem Ausbruch der Symptome führen. Es macht Sinn, die Patienten Symptomtagebücher führen zu lassen, in denen der Bezug von Art und Dauer der Belastung und deren Folgen aufgezeichnet werden. Die beiden wesentlichen Methoden sind die kognitive Verhaltenstherapie und die GET/Graded Exercise Therapy, bei der eine sich steigernde körperliche Belastung zur Anwendung kommt.

- Kognitives Training

  Das Ziel besteht darin, eine Balance zwischen Aktivität, Ruhephasen und Freizeit herzustellen und die Kombination der Therapieelemente zu optimieren.

- Physiotherapie mit folgenden Zielen:
  - ausgewogene Bewegungsprogramme
  - Förderung von Selbstkontrolle und Leistungseffizienz
  - Erschöpfbarkeit/Müdigkeit vermindern
  - Funktionalität fördern

- Stärkebewusstsein trainieren:
  - Kraft und Flexibilität steigern
  - Schmerz reduzieren
  - bessere Funktionalität = höhere Lebensqualität
  - besserer mentaler Durchblick
  - Gefühle für die Symptomkontrolle entwickeln

- Energiehaushalt kontrollieren
  - Hausarbeit in kleinen Portionen umsetzen
  - Aktivitäten über den Tag verteilen

- Ernährung

  Herausfinden, was guttut und was nicht.

- Selbsthilfegruppen

  Viele Betroffene finden hier wertvollen Rat und Unterstützung. Unabhängig vom Leiden sind aber nicht alle Patienten für Selbsthilfegruppen geeignet. Manche lehnen es ab, immer wieder mit Betroffenen zusammenzukommen, weil sie die dauernden Gespräche rund um das Leiden als starke Belastung erleben. Andere kommen nicht gut damit zurecht, mit möglicherweise schweren Verlaufsformen der eigenen Erkrankung konfrontiert zu werden.

- **Pharmakologische Intervention**

  Sie ist erforderlich bei einem Krankheitsgefühl nach physischer Aktivität, bei kognitiven Problemen und bei unerholsamem Schlaf.

  Das individuelle Therapiekonzept in einer Kombination aus medikamentösen und nicht medikamentösen Maßnahmen richtet sich nach dem am schwersten belastenden Symptom und wird bei Veränderung adaptiert. Die Medikamentengabe sollte immer mit der kleinstmöglichen Dosis beginnen, da viele Patienten häufig sehr stark auf Pharmaka reagieren. Wesentliche Belastungsfaktoren sind

  - Gedächtnis/Konzentration sowie
  - Stress, Angst, Depression.

  Sie treten häufig als Folge der Erkrankung auf. Antidepressiva sollten wegen ihrer Nebenwirkungen sehr zurückhaltend zur Anwendung kommen.

- **Schlaf & Schlafqualität**

  - Bewusste Abschaltphase definieren.
  - Bett nur für Schlaf und Sex benützen – kein „Daueraufenthalt".
  - Regelmäßige Schlaf- und Wachzeiten festlegen.
  - Auch leichte körperliche Belastung muss spätestens vier Stunden vor dem Zubettgehen abgeschlossen sein.

- **Schmerz**

  Zur Wirkung von Analgetika bei CFS gibt es keinerlei Studien. Rund 70 % der Betroffenen zeigen auch Fibromyalgie-Symptome. Daher orientiert man sich in diesen Fällen am Fibromyalgieschmerz.

- **Orthostaseprobleme**

  Meist reicht es aus, den niedrigen Blutdruck mit allgemeinen Maßnahmen zu heben.

„Zielgerichtete" Pharmakotherapie

- **Virostatika:** Die Theorien, CFS würde durch Viren hervorgerufen, haben sich in Studien nicht belegen lassen. Daher ist bei dieser Medikamentengruppe Zurückhaltung geboten.
- **Immuntherapie:** Für die Wirksamkeit einer Immuntherapie liegen derzeit keine ausreichenden klinischen Studien vor.
- **Antibiotika:** Die Infektionshypothese bei der Entstehung von CFS hat sich nicht belegen lassen. Daher besteht zur Antibiotikagabe kein Anlass.
- **Nicht steroidale Antirheumatika:** Sie sollten nur kurzfristig gegen Schmerzen eingesetzt werden.
- **ZNS-Stimulantien:** Sie wurden bisher nur in kleinen Studien getestet und sind in der Routine nicht einsetzbar.

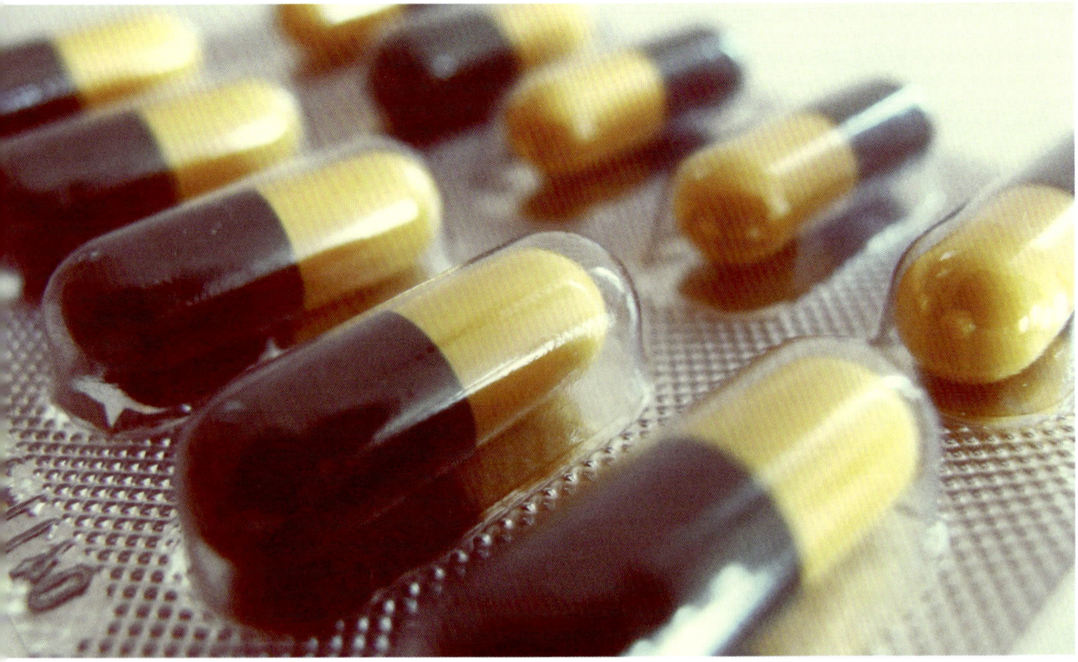

Generelle Anmerkung: Natürlich ist es so, dass das CDC nur sehr enge, evidenzbasierte Empfehlungen geben kann und darf. Das heißt, solange eine Therapie oder eine Kombination von Maßnahmen – wie etwa in der o.a. Studie – keine FDA (Food Drug Administration)-Zustimmung hat, scheint sie in den CDC-Empfehlungen nicht auf. Das macht einen solchen Therapieansatz nicht notwendigerweise unsinnig, denn die Durchführung großer Studien können sich nur große Pharmakonzerne leisten.

Komplementäre bzw. alternativmedizinische Maßnahmen

Dass dies zwei recht unterschiedliche Felder sind, scheint in den USA bzw. im CDC noch nicht zum Standardwissen zu zählen. Es wird hier im Grunde relativ kritiklos alles zusammenfasst, was nicht von Pharmakonzernen entwickelt wurde. Laut CDC kann nichts wirken, zu dem es nicht Studien mit Tausenden Patienten gibt. Immerhin lässt man die Anmerkung zu, dass Methoden mit geringen oder fehlenden Nebenwirkungen versucht werden können. Die Tatsache, dass völlig nebenwirkungsfreie Methoden in der Regel auch keine Wirkung haben, findet keine Berücksichtigung.

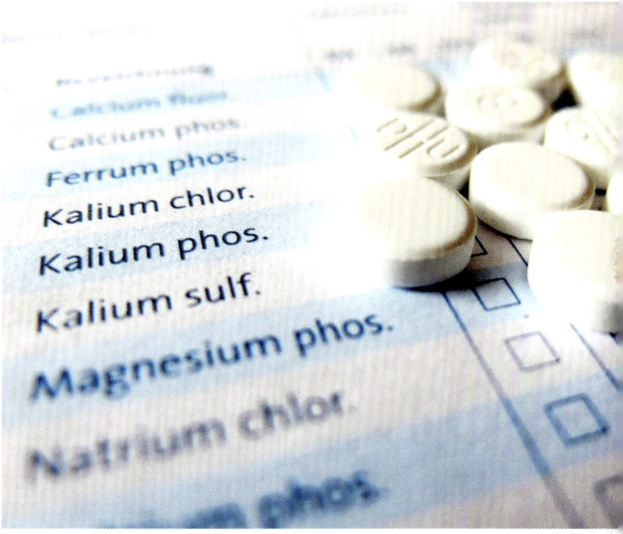

Durch die Verabreichung von diätetischen Nahrungsergänzungsmitteln (Supplementen) gehören die oben angeführten Studien eigentlich auch in den komplementärmedizinischen Bereich, nur wegen der Kombination mit Methylphenidat erst in die zielgerichtete Pharmakotherapie. Ersteres ist völlig bedenkenlos, zweiteres entspricht einem Off-Label-Use. Darunter versteht man die Anwendung von Substanzen bei Indikationen, für die sie nicht zugelassen wurden. Die Verantwortung dafür trägt der verordnende Arzt, und es ist eine ausdrückliche – möglichst schriftliche – Zustimmung des Patienten einzuholen, der eine entsprechende Aufklärung vorauszugehen hat.

Bei Erkrankungen, zu denen es keine klaren Therapierichtlinien gibt und die besonders quälend sind, kommt es häufig zu „Therapieversuchen" ohne offizielle Zulassung eines Medikaments. Daher sind ausreichende Aufklärung und Zustimmung besonders wichtig. Im Zusammenhang mit dem oben erwähnten Methylphenidat sollte man beispielsweise wissen, dass es sehr häufig Kopfschmerzen oder häufig Depression/Angst hervorruft – sämtliche dieser Symptome können aber schon beim Krankheitsbild der CFS vorkommen. Daher ist darauf zu achten, dass eine eventuelle Medikation nicht CFS-Symptome fördert oder verstärkt.

Hinsichtlich Schmerz und psychischen Belastungszeichen sollte nicht auf die wichtigen nicht pharmakologischen Methoden vergessen werden. Noch wenig bekannt und erst durch einzelne Fallberichte dokumentiert ist etwa eine in Österreich entwickelte Sonderform der tiergestützten Therapie, die auch ohne Medikation bei Angst und Depression bei sehr kurzer Ansprechzeit hoch effizient ist. Sie gehört zu den komplementärmedizinischen Methoden. Details finden Sie unter www.aiaatr.com.

Norwegische Mediziner stürzten sich vor wenigen Jahren in die Auswertung von randomisierten und kontrollierten Studien, die sich mit der Anwendung alternativmedizinischer Therapien beim chronischen Fatigue-Syndrom befasst hatten. Insgesamt wurden 26 Studien mit 3.273 Teilnehmern erfasst, die dabei angewandten Verfahren waren verschiedene Mind-Body-Therapien, Fernheilung, Massage, Tuina, Tai Chi, Homöopathie sowie Ginseng und verschiedene Nahrungsergänzungsmittel. Akupunktur und phytomedizinische Anwendungen (Heilkräuter) blieben unberücksichtigt.

Für Qigong und Meditation zeigten sich gegenüber einem „abwartenden Verhalten" günstige Effekte auf die Erkrankung. Bei der achtsamkeitsbasierten Stressreduktion (Mindfulness Bases Stress Reduction, MBSR) war eine zumindest geringfügige Verbesserung bei der Ängstlichkeit zu verzeichnen.

Tuina und Tai Chi konnten depressive Verstimmung, Schlafstörung und andere körperliche Symptome im Vergleich mit einer medikamentösen Therapie im ersten Monat rascher verbessern, danach fand sich kein signifikanter Unterschied mehr.

Gewisse allgemeine Symptomverbesserungen erreichte die Homöopathie gegenüber Placebo.

Ginseng zeigte keine Verbesserung.

NADH- (Nicotinamid-Adenin-Dinucleotid) und Magnesiumgabe konnten hingegen leicht positive Effekte vorweisen.

Eindeutige Schlussfolgerungen zogen die Wissenschafter nicht, dazu seien bisher zu wenige Studien verfügbar und die jeweiligen Fallzahlen zu gering.

Neben Magnesium können auch Kalium, Zink, Eisen, Vitamin B_6 gegen Erschöpfung, Labilität, Schlafstörungen und Depressionen hilfreich sein. Auch eine Q10-Supplementierung wird inzwischen als hilfreich diskutiert. Hier sei angemerkt, dass man derartige Therapieversuche immer unter Aufsicht von Medizinern vornehmen sollte, die über entsprechende Kenntnisse zu Nahrungsergänzungsmitteln verfügen. Von Selbstversuchen sei dringend abgeraten, da es zu unerwünschten Nebenwirkungen kommen kann.

Vor allem soll immer nur ersetzt werden, was nachweislich auch tatsächlich fehlt.

Was bedeutet CFS für das Leben?

Wie bei allen Erkrankungen, die ein inhomogenes Symptombild zeigen, ist der Einfluss auf das Leben der Betroffenen so unterschiedlich wie das Krankheitsbild selbst und hängt sehr von der Einzelperson und ihrem sozialen Umfeld ab.

Im Internet können sehr vielfältige Krankengeschichten und -berichte nachgelesen werden. Besonders schwer zu ertragen sind immer chronische Erkrankungen mit Rückfallcharakter oder gar Progredienz (Fortschreiten der Erkrankung). Ihre „zermürbende" Charakteristik führt häufig zu psychischem Stress und Überlastung – also sekundären Folgeerscheinungen. Die Behandlung macht ohne eine effiziente Basistherapie keinen Sinn. CFS erfordert vom Patienten auch ein Höchstmaß an Verständnis für das Leiden und individuelle Anpassungsfähigkeit. Daher spielt die umfassende Information eine wesentliche Rolle, um das persönliche Management des Einzelnen zu optimieren. Vermieden werden sollte in jedem Fall Rückzug, gefördert werden sollte die aktive Mitbeteiligung/enge Einbindung des sozialen Umfeldes. Verständnis für die Erkrankung zu fördern ist ein wesentliches therapeutisches Ziel und betrifft Familie, Freunde, Schule oder Arbeitsplatz gleichermaßen, um zu vermeiden, dass irrtümlich Faulheit, Hypochondrie oder dergleichen mehr hinter den Verhaltensweisen des Patienten vermutet werden.

Das macht CFS zu einer Erkrankung, die viel individuelles Leid, Verzweiflung und Frustration zu erzeugen in der Lage ist. Tief verzweifelte Menschen aber sind das absolute Nummer-eins-Zielgebiet von Scharlatanen und selbsternannten Heilern, die durch schöne Versprechen den Patienten zum Teil enorme Summen aus der Tasche ziehen. Es muss daher an dieser Stelle davor gewarnt werden, Behandlungs- oder gar Heilungsversprechen zu leichtgläubig anzunehmen. Überall, wo kein seriöses und nachweisbares medizinisches Wissen dahintersteckt, ist höchste Vorsicht geboten. Häufig hilft die Frage nach medizinisch-wissenschaftlichen Publikationen in seriösen Fachjournalen. Regelmäßig missbrauchte Formulierungen sind „in Studien nachgewiesen" oder „erprobt". Oftmals lässt sich diese Studie gar nicht finden oder wurde nie publiziert oder es wurde nur in einem missionarischen Magazin berichtet. Wer etwas Seriöses macht, kann das immer durch Publikationen in namhaften Journalen nachweisen. Alles andere sollte man mit höchster Zurückhaltung beurteilen. Mit Sicherheit erleidet man größten Schaden, wenn eine eifrig genährte Hoffnung zerplatzt wie eine Seifenblase.

Diese warnenden Sätze sind mir als Autor, Arzt und Komplementärmediziner sehr wichtig, da Verzweifelte so sehr bereit sind, Dinge zu glauben, weil sie sie eben glauben wollen, und nicht, weil sie plausibel oder nachweisbar sind. Verzweifelte sind leichte Beute für Lügner, Betrüger und Blender, die es im Randbereich der Gesundheitsversorgung zu Tausenden gibt.

Literatur

Gedruckte Publikationen

Alraek T., Lee M.S., Choi T.-Y., Cao H., Liu J.: Complementary and alternative medicine for patients with chronic fatigue syndrome: A systematic review. BMC Complementary and Alternative Medicine 2011, 11:87

Alter H.J., Mikovits J.A., Switzer W.M., Ruscetti F.W., Lo S.C., Klimas N., Komaroff A.L., Montoya J.G., Bateman L., Levine S., Peterson D., Levin B., Hanson M.R., Genfi A., Bhat M., Zheng H., Wang R., Li B., Hung G.C., Lee L.L., Sameroff S., Heneine W., Coffin J., Hornig M., Lipkin W.I.: A multicenter blinded analysis indicates no association between chronic fatigue syndrome/myalgic encephalomyelitis and either xenotropic murine leukemia virus-related virus or polytropic murine leukemia virus. MBio. 2012;3:e00266–12

Brenu E.W., van Driel M.L., Staines D.R., Ashton K.J., Ramos S.B., Keane J., Klimas N.G., Marshall-Gradisnik S.M.: Immunological abnormalities as potential biomarkers in Chronic Fatigue Syndrome/Myalgic Encephalomyelitis. J. Transl. Med. 2011;9:81.

Brurberg K.G., Fonhus M.S., Larun L., Flottorp S., Malterud K.: Case definitions for chronic fatigue syndrome/myalgic encephalomyelitis (CFS/ME): A systematic review. BMJ Open. 2014;4:e003973

Carruthers B.M. et al.: Myalgic Encephalomyelitis: International Consensus Criteria. J. Intern. Med. 2011; 270: 327–338

Carruthers B.M., Jain A.K., DeMeirleir K.L., Peterson D.L., Klimas N.G., Lerner A.M., Bested A.C., Flor-Henry P., Joshi P., Powles A.C.P., Sherkey J.A., van de Sande M.I.: Myalgic encephalomyelitis/chronic fatigue syndrome: Clinical working case definition, diagnostic and treatments protocols. J. Chr. Fatigue Synd.2003;11:7–115

Chang C.M., Warren J.L., Engels E.A.: Chronic fatigue syndrome and subsequent risk of cancer among elderly .US adults. Cancer. 2012;118:5929–5936.

Cho H.J., Skowera A., Cleare A., Wessely S.: Chronic fatigue syndrome: An update focusing on phenomenology and pathophysiology. Curr. Opin. Psychiatry. 2006;19:67–73

Gaab J., Ehlert U.: Chronische Erschöpfung und Chronisches Erschöpfungssyndrom (Fortschritte der Psychotherapie). 2005

Hornig M. et al.: Distinct plasma immune signatures in ME/CFS are present early in the course of illness, Sci. Adv. 2015;1:e1400121

Jason L.A., Evans M., Porter N., Brown M., Brown A., Hunnell J., Anderson V., Lerch A., DeMeirleir K., Friedberg F.: The development of a revised Canadian myalgic encephalomyelitis chronic fatigue syndrome case definition. Am. J. Biochem. Biotechnol. 2010;6:120–135

Kaiser J.: Family puts $10 million into chronic fatigue research. ScienceInsider. 2011 Sep;19

Keel P.: Die unerklärliche Müdigkeit: Was uns in große Erschöpfung treiben kann und wie wir wieder zu Kräften kommen können. 2013

Lattie E.G., Antoni M.H., Fletcher M.A., Czaja S., Perdomo D., Sala A., Nair S., Fu S.H., Penedo F.J., Klimas N.: Beyond myalgic encephalomyelitis/chronic fatigue syndrome (ME/CFS) symptom severity: Stress management skills are related to lower illness burden. Fatigue. 2013;1

Lyall M., Peakman M., Wessely S.: A systematic review and critical evaluation of the immunology of chronic fatigue syndrome. J. Psychosom. Res. 2003;55:79–90

Nijs J., Nees A., Paul L., De Kooning M., Ickmans K., Meeus M., van Oosterwijck J.: Altered immune response to exercise in patients with chronic fatigue syndrome/myalgic encephalomyelitis: A systematic literature review. Exerc. Immunol. Rev. 2014;20:94–116

Ravindran M.K., Zheng Y., Timbol C., Merck S.J., Baraniuk J.N.: Migraine headaches in chronic fatigue syndrome (CFS): Comparison of two prospective cross-sectional studies. BMC Neurol. 2011;11:30

Scheibenbogen C., Volk H.D., Grabowski P., Wittke K., Giannini C., Hoffmeister B., Hanitsch L.: Chronisches Fatigue-Syndrom. Heutige Vorstellung zur Pathogenese, Diagnostik und Therapie. tägliche praxis 2014, 55:567–574

Scheibenbogen C. u.a.: Deficient EBV-Specific B- and T-Cell Response in Patients with Chronic Fatigue Syndrome“, Madlen Loebel et al, January 15, 2014, DOI: 10.1371/journal.pone.0085387

Strienz J.: Leben mit chronischer Erschöpfung- CFS: Ein Ratgeber für Patienten Taschenbuch. 2011

Taddonio T.M., Jadin C.: CFS: Chronisches Erschöpfungssyndrom – eine Infektionskrankheit? 2009

Tan E.M., Sugiura K., Gupta S.: The case definition of chronic fatigue syndrome. J. Clin. Immunol.2002;22:8–12

Voss K.: ME – Myalgische Enzephalomyelitis vs. Chronic Fatigue Syndrom: Fakten, Hintergründe, Forschung. 2015

Wurzbacher D.: Leben mit CFS/ME: Ein Schreibprojekt mit Betroffenen des chronischen Erschöpfungssyndroms. 2008

Zeineh M.M. et al.: Right Arcuate Fasciculus Abnormality in Chronic Fatigue Syndrome. Radiology, February 2015, Volume 274, Issue 2

Online

http://onlinelibrary.wiley.com/doi/10.1111/j.1365-2796.2011.02428.x/full

www.aiaatr.com

www.belastbarkeit.de/erschoepfungssyndrom/

www.biography.com/people/florence-nightingale-9423539

www.cdc.gov

www.cfs-forum.info

www.cfs-treffpunkt.de

www.degam.de/files/Inhalte/Leitlinien-Inhalte/Dokumente/DEGAM-S3-Leitlinien/LL-02_Muedigkeit_Langfassung_2011_2.pdf

www.fatigatio.de

www.lost-voices-stiftung.org

www.mitosoc.org

www.ncbi.nlm.nih.gov/pmc/articles/PMC4465185/

www.spektrum.de/news/neue-erkenntnisse-zum-chronischen-erschoepfungssyndrom/1354734

www.thesynergytrial.org

www.youtube.com/watch?v=QC_1kE4tsXk

www.youtube.com/watch?v=SiKgk9sBa2I

Abbildungsnachweis

Lisa Hahsler: 67, 79

PhotoAlto: 91

Wikipedia: 7 (CDV by H. Lenthall), 9, 10, 12, 13, 89

www.fotolia.com: 90 (viperagp)

www.pixabay.com/de: 17 (juliacdrd), 18 (shivmrthyu), 19 (Alex Van), 20 (frolicsompel), 21 (juliacdrd), 23 (cocoparisienne), 24 (PDPics), 25 (SplitShire), 27 (Public Domain Pictures), 29 (unsplash), 31 (Jan Dix), 34 (Antranias), 35 (Geralt), 37 (Public Domain Pictures), 38 (ghwtok), 40 (crssteve), 41 (mufidpwt), 42 (marcisim), 43 (stockphotos), 44 (startupstockphotos), 45 (fancygrave1), 49 (foundry), 50 (Sae Kawaii), 51 (Public Domain Pictures), 52 (bykst), 54 (Public Domain Pictures), 55 und 56 (bearbeitet von Lisa Hahsler), 60/61 (Gerd A.T. Mueller), 62 (Public Domain Pictures), 68 (M. Garde), 69 (nafets), 70 (Simon Troeder), 71 (TBIT), 72 (tawny Nina), 73 (jarmoluk), 74 (Geralt), 77 (Adina Voicu), 78 (krzysek), 80 (Geralt), 82 (Public Domain Pictures), 83 (mizianitka), 84 (Pezibear), 85 (blue olive), 87 (foundry), 92 (StockSnap), 93 (Jochen Pippir), 94 (Public Domain Picture), 96 (unsplash), 97 (nazmusshadat0), 98 (startupstockphotos), 101 (kshelton)

www.pixelio.de: 4 (Konstantin Gastmann), 15 (Clarissa S.), 28 (Stephanie Hofschlaeger), 47 (www.JenaFoto24.de), 53 (www.JenaFoto24.de), 59 (Tim Reckmann), 65 (sergej23), 95 (Michael Raab), 98 (Gerd Altmann_Shape_photoshopgraphics.com)